Karl Koller

DER LETZTE MONAT

Karl Koller

Der letzte Monat

14. April bis 27. Mai 1945

Tagebuchaufzeichnungen
des ehemaligen Chefs des Generalstabs
der deutschen Luftwaffe

Mit dem
Urteil der Spruchkammer
im Entnazifizierungsverfahren

Vorwort
von Walter Görlitz

Bechtle

Bildnachweis
Süddeutscher Bilderdienst: 15, 16
Alle anderen: privat

Umschlaggestaltung: Christel Aumann, München
Satz: Fotosatz Uhl + Massopust, Aalen
Gesetzt aus: Garamond ITC leicht 11/13 Punkt
Linotype System 2/3
Druck: Wiener Verlag, Himberg
Printed in Austria 1985
ISBN: 3-7628-0439-7

Ich freue mich, daß das bereits 1949 erschienene Buch meines Vaters »Der letzte Monat« erneut aufgelegt werden kann.
Einmal deshalb, weil die Notizen meines Vaters beweisen, daß es auch in den düsteren letzten Kriegstagen möglich war, eine klare und saubere soldatische Haltung zu zeigen. Dies geschah tausend- und millionenfach, Karl Koller steht hier nur als Beispiel.
Zum anderen freue ich mich, daß durch die Neuauflage die Erinnerung an meinen Vater aufrechterhalten wird.
An den Tagebuchaufzeichnungen meines Vaters sowie der Entscheidung der Spruchkammer wurden bewußt keine Änderungen, Ergänzungen oder Kommentierungen vorgenommen.
Walter Görlitz, dem Verlag und all denen, die zur Neuauflage des Buches beigetragen haben, danke ich herzlich.

Dr. Roland Koller

Inhalt

Vorwort von Walter Görlitz 7

Einleitung 28

Im Führerbunker der Reichskanzlei 31

OKL-Hauptquartier Wildpark-Werder 40

Berchtesgaden: Görings sogenannter Verrat – von der SS verhaftet 63

Nochmals in Berlin 87

Sollte Göring erschossen werden? 105

Die letzten Tage 132

Ein notwendiger Rückblick 155

Die Amerikaner sind da 168

Personen- und Dienststellenregister 198

Anhang: Das Urteil der Spruchkammer im Entnazifizierungsverfahren 205

Vorwort

Der General der Flieger Karl Koller, letzter Chef des Generalstabes der deutschen Luftwaffe im Zweiten Weltkrieg, dem wir die Tagebuchnotizen aus dem letzten Monat des Krieges verdanken, ist am 22. Februar 1898 in Glonn, Bezirksamt Ebersberg in Oberbayern, geboren worden. Der Vater war Sicherheitskommissär der Polizei im Amtsbezirk. Das Elternhaus war gut katholisch, die Treue zum angestammten Königshaus der Wittelsbacher in München verstand sich von selbst. Der junge Koller hat den Militärdienst sozusagen von der Pike auf kennengelernt. Mit noch nicht einmal sechzehneinhalb Jahren meldete er sich im August 1914 als Kriegsfreiwilliger und wurde beim bayrischen Pionier-Ersatzbataillon eingestellt. Er kam direkt aus England, wo er sich das Geld für die Weiterfahrt nach Indien verdienen wollte.
Nach der Reichsverfassung von 1871 besaßen die Königreiche Bayern und Sachsen noch eigene Armeen, die freilich im Kriegsfall dem Deutschen Kaiser und König von Preußen als oberstem Bundesfeldherrn unterstellt wurden. Kollers erste soldatische Laufbahn stand somit unter den Überlieferungen der Kgl. bayrischen Armee. Damals galt für viele junge Soldaten, die die Öde des Stellungskrieges nur schwer ertrugen, die neuartige Fliegertruppe, die Husaren der Luft, als belebender

Ausweg. 1916 meldete sich Koller daher zur bayrischen Fliegertruppe und wurde als Kampf- wie als Jagdflieger ausgebildet. Seitdem behielt er die Neigung für die Fliegerei. Mit 19 Jahren wurde er bereits Flugzeugführer und erzielte eine Reihe von Abschüssen. Die genialen kühnen Jagdflieger, die schon damals gegen eine erdrückende Übermacht auf der Seite der alliierten Gegner zu kämpfen hatten, die »Ritter der Luft« wie Boelcke, Immelmann, der Freiherr von Richthofen, waren die Helden der Nation in immer trüber werdender Kriegszeit. Sie dienten auch Koller als Vorbild. Am 25. Mai 1918 kam indes für den blutjungen Vizefeldwebel Koller von der Bayrischen Jagdstaffel 76 das Ende der ersten fliegerischen Karriere. Er wurde mit seiner Maschine hinter der englischen Front heruntergeholt und geriet in Kriegsgefangenschaft.

Erst Mitte Dezember 1919 kehrte er in die bayrische Heimat zurück. Alles war nun ganz anders. Der Deutsche Kaiser und König von Preußen, der König von Bayern hatten die Herrschaft eingebüßt. Bayern war Freistaat geworden, das Reich eine Republik mit einer einheitlichen Reichswehr. Koller kannte nur das Soldatenhandwerk. Er trat im Februar 1920 in die halb militärisch aufgezogene bayrische Landespolizei ein, zunächst als Zugswachtmeister. Als ausgebildeter Kriegsflieger wurde er der Polizeifliegerstaffel I zugeteilt, eine Herrlichkeit, die infolge der drückenden Bestimmungen des Versailler Friedens von 1919 bald ihr Ende erreichte. Deutschland wurde jegliche Militär- oder Zivilluftfahrt untersagt. Als Sport blieb nur die Segelfliegerei übrig, der Koller in seiner Freizeit huldigte und in der er

bedeutende Erfolge erzielte. So wurde er Gesamtsieger des Rhön-Wettbewerbs 1921.
In der bayrischen Landespolizei – der Schutzpolizei in Preußen verwandt – wurde er 1922 zum Leutnant, 1933 zum Hauptmann befördert. Die frühen 20er Jahre waren für Bayern und vor allem für München eine seltsam fiebrige Zeit voll nationaler Widerstandsträume. Ein vordem ganz unbekannter Kunstmaler aus Österreich, der aus Haß gegen die Habsburger den Ersten Weltkrieg als Gefreiter im bayrisch-deutschen Heer mitgemacht hatte, Adolf Hitler mit der von ihm geführten NSDAP, beherrschte in zunehmendem Maße die politische Szene, formierte auch eigene paramilitärische Verbände, die »Sturmabteilungen (SA)« unter einem früheren Fliegerhauptmann Hermann Göring, letztem Kommodore des legendären Richthofen-Jagdgeschwaders. So wie damals in den gleichen Jahren in der Türkei der General Kemal Pascha Angora (Ankara) in Mittelkleinasien zum Hort des nationalen Widerstandes gegen das den alliierten Siegermächten England, Frankreich und Italien hörige Sultansregime in Konstantinopel (Istanbul) erhoben hatte, so verstanden sich die nationalen Kräfte in München als Hort der Erhebung gegen die »Judenrepublik« im preußischen Berlin. Viele Leute erblickten in Hitler den Erlöser von den Fesseln des überaus harten, im Grunde untragbaren Versailler Friedens. Auch das Offizierskorps der Landespolizei blieb nicht unberührt von dieser verworrenen Strömung. Etwa im Frühjahr 1923 schloß sich der Leutnant der Landespolizei Koller der ersten NSDAP an, fand dann aber doch, nach ein paar Monaten, daß die wilden

Reden, die nebulosen leidenschaftlichen Verheißungen des Führers der NSDAP nicht das Richtige für einen loyalen Polizeioffizier des weiß-blauen Freistaates seien. Er trat aus der NSDAP wieder aus und tat seine Pflicht, als die Landespolizei unter ihrem Kommandeur Oberst von Seisser am 9. November 1923 Hitlers Putschversuch blutig unterdrückte. Seitdem bewahrte er eine kühle Distanz zu jeder Parteipolitik. Als er dann unter Hitlers Herrschaft wieder Berufsoffizier und schließlich General in der Luftwaffe wurde, galt diese Distanz auch der allein herrschenden NSDAP. Politik, so Kollers Credo, war nicht Sache des Offizierkorps. Die Streitkräfte hatten der Reichsverteidigung nach außen zu dienen. Was eine kritische Haltung gegenüber Auswüchsen des Einparteiensystems und das persönliche Einschreiten gegen Unrecht, soweit es ihm bekannt wurde, nicht ausschloß. Das entsprach noch den Ehrbegriffen des Königlich bayrischen Offizierkorps.

Das Jahr 1935, in dem Adolf Hitler, nunmehr seit zwei Jahren Reichskanzler und seit einem Jahr durch Plebiszit bestätigter »Führer« des Deutschen Reiches, angesichts des bevorstehenden Abschlusses eines französisch-sowjetrussischen Beistandspaktes die militärischen Fesseln des Versailler Vertrages sprengte und die Wehrhoheit für das Reich wiederherstellte, wurde zum Schicksalsjahr für den bayrischen Polizeihauptmann Koller. Neben Heer und Kriegsmarine wurde eine Luftwaffe als dritter selbständiger Wehrmachtteil aufgestellt. Die Fliegertruppen des Ersten Weltkrieges, die einem General bei der Obersten Heeresleitung unterstellt gewesen waren, hatten sich vergeblich um einen eigenen Status

bemüht. Sämtliche im Reichsheer und in der Polizei dienenden, als Flieger ausgebildeten Offiziere mußten an die neue Luftwaffe abgegeben werden.
Oberbefehlshaber des neuen Wehrmachtteils wurde der einstige Fliegerhauptmann Göring, der dem uralten Reichspräsidenten Feldmarschall von Hindenburg gleich im Februar 1933 die Beförderung zum Generalobersten abgelistet hatte, nachdem er als Reichsluftfahrtminister auch das Kommando über die getarnt aufzustellenden Fliegerverbände erhalten hatte. Ab 1935 trat die deutsche Luftwaffe voll in Erscheinung, mit Jagd-, Kampf- und Aufklärungsgeschwadern, mit einer eigenen Flakartillerie und Luftnachrichtentruppe, mit Fallschirmjägereinheiten nach sowjetrussischem Vorbild. Göring, der beim Hitlerputsch von 1923 im Feuer der bayrischen Landespolizei durch einen Unterleibsschuß schwer verletzt worden war, war zeitweilig Morphinist geworden, durch eine Entziehungskur wieder geheilt und stand 1935 auf der Höhe seiner Kraft. Als Oberbefehlshaber gab er nicht nur das Geld für die Formierung eines neuen Wehrmachtteils mit seiner ungeheuren Infrastruktur an neuen Flugplätzen, Kasernen, Werkstätten, Lazaretten, sondern er verlieh der jungen Luftwaffe auch Schwung, Selbstbewußtsein, Zuversicht in eine große Zukunft – in Frieden, für die Verteidigung des Reiches. Es war das, was dieser schillernde Mann mit dem unstillbaren Hang zu einem Dasein voller Luxus, voller Sybaritentum, geben konnte. Von Luftstrategie verstand er so wenig etwas wie von Luftfahrttechnik. Im Grunde war er ein politischer Kondottiere, der sich Adolf Hitler verschrieben hatte. Und der Oberbefehl über die Luft-

waffe hatte für den neugebackenen Generalobersten darum immer eine doppelte Bedeutung: Einmal war die Luftwaffe natürlich ein Mittel zur Verteidigung des Reiches. Zum zweiten stellte sie im ewigen Machtkampf der Satrapen um Hitler seine politische Hausmacht dar, weshalb er sich hartnäckig dagegen sträubte, auch nur ein Quentchen davon wieder abzugeben, etwa durch die – militärisch gebotene – Schaffung einer eigenen Marineluftwaffe! Hitler wußte sehr wohl um dies Gerangel seiner »Paladine« hinter den Kulissen. Er hielt Wettstreit unter ihnen für gesund, desto mehr würde jeder leisten. Eines war freilich auch Göring klar: zum Aufbau seines Instrumentes brauchte man Frieden.

Der Aufstieg des einstigen Jagdflieger-Vizefeldwebels Koller in der neuen Luftwaffe vollzog sich äußerlich gesehen vornehmlich im Rahmen des Luftflottenkommandos 3 in München, abgesehen von der Absolvierung verschiedener Kurse und dem Besuch der Luftkriegsakademie. Als deren Generalstabsoffizier und darauf Chef des Stabes ging er unter General Sperrle in den Zweiten Weltkrieg. Koller erwarb sich den Ruf eines vorzüglichen, gewissenhaften, zu selbständigen Überlegungen fähigen Generalstabsoffiziers.

Als die Luftwaffe 1935 offiziell in Erscheinung trat, war kein Krieg in Sicht, am allerwenigsten ein Luftkrieg über See gegen England. Mit England schloß Hitler 1935 ein Abkommen zur Begrenzung der Flottenrüstung, mit dem alten potentiellen Gegner Polen hatte er bereits 1934 einen Nichtangriffspakt abgeschlossen. Der erste Generalstabschef der jungen Luftwaffe, der aus dem Reichsheer übernommene Generalstabschef General

Wever, der erst selbst fliegen lernen mußte und dann bei einem Übungsflug tragisch früh tödlich verunglückte, hatte noch die Vorstellung von einer Allround-Luftwaffe gehegt, mit Kampf-, Jagd- und Langstreckenmaschinen, schweren Bombern. Die Produktion von Langstreckenbombern, mit der man sich in England 1937 zu beschäftigen begann, wurde fallengelassen. Der für die Luftrüstung verantwortliche Generalluftzeugmeister, Generaloberst Udet, wiederum wie Göring ein Offizier aus dem kleinen Kreis der früheren hochdekorierten Jagdflieger, verstand nicht viel von Technik und Wirtschaft, hatte jedoch wenigstens manchmal geniale Einfälle. Von ihm stammt die Idee des Sturzkampfbombers, den dann die Junkerswerke mit höchstem Erfolg entwickelten. Der Generalluftzeugmeister konnte nicht selbst Ziel, Ausmaß und Gestaltung der Luftrüstung bestimmen. Aber er erhielt auch niemals große Direktiven. So baute man denn auf ganz konventionelle Manier eine Luftwaffe auf, die für einen Verteidigungskrieg in begrenzten europäischen Räumen geeignet war, ohne weitreichende operative Zielsetzungen.

Dann wurde die Luftwaffe, mitten in der längst nicht abgeschlossenen Aufstellung begriffen, im Hochsommer 1938 während der Sudetenkrise plötzlich mit der Möglichkeit eines Krieges gegen England konfrontiert, mit dem Ausbruch eines Zweiten Weltkrieges, falls Großbritannien und in seinem Gefolge Frankreich die Tschechoslowakei gegen Hitlers Anspruch auf die Sudetenlande decken würde. Dafür war sie nicht aufgestellt, nicht ausgebildet, nicht gerüstet. Es gab kein einziges deutsches Kampfflugzeug, das damals von Absprung-

plätzen selbst im äußersten Nordwestdeutschland mit Erfolg hätte England angreifen können!
Die Krise verrauchte. Die Krise lebte wieder auf, alsHitler im März 1939 die Resttschechoslowakei überrannte und die anglo-amerikanische Öffentlichkeit sich gegen derartige deutsche Eroberungsfeldzüge jenseits des Selbstbestimmungsrechtes der Völker wandte, worauf Hitler alle Schiffe hinter sich verbrannte und sowohl den deutsch-polnischen Nichtangriffsvertrag wie das Flottenabkommen mit England kündigte.
Der damalige Oberstleutnant Koller vom Luftflottenkommando 3 in München, dessen Tagebuchnotizen ihn eigentlich als einen »gestandenen Mann« nach bayrischer Sitte, auch als einen Mann nicht ohne Humor in kritischen Lagen zeigen, müssen 1939 sehr düstere Ahnungen angewandelt haben. Im Frühjahr 1939 sprach er mit einem Bekannten über die Zukunft seines Sohnes (er hatte 1927 geheiratet), der gern Offizier wie der Vater werden wollte. Der Gesprächspartner meinte, in zehn Jahren könne es gut soweit sein. Koller entfuhr die Bemerkung, in zehn Jahren werde man keine deutschen Offiziere mehr brauchen! Dann merkte er wohl, daß er sich vergaloppiert hatte, daß er zu weit gegangen war, brach ab und murmelte etwas von der »verdammten Politik«. Und am Sonntag, dem 3. September 1939, als die Kriegserklärung Englands zum Greifen nahe war, bemerkte er vor dem Bau des Luftflottenkommandos 3 zu einem anderen Bekannten: »Finis Germaniae«.
Gleichwohl blieb er, im Bewußtsein, daß diese unfertige Luftwaffe einem Großkrieg auf die Dauer nicht gewachsen sein würde, in den Dienst hineingebannt. Im Gene-

ralstab der Luftflotte, die im Westen eingesetzt war, hat er den ersten Abschnitt des Krieges mit den überraschenden Erfolgen des Jahres 1940 – von denen noch zu redensein wird – erlebt, auch die Wende im September 1940 mit der Luftschlacht über England, den Luftkrieg auf Sparflamme im Westen, nachdem mit Hitlers Angriff auf die Sowjetunion am 22. Juni 1941 das Schwergewicht aller Luftstreitkräfte nach Osten verlagert worden war. Die fliegenden Verbände der Luftflotte 3 wurden ausgedünnt, bei Erhaltung eines riesigen Wasserkopfes an Bodenpersonal mit rund 300 000 Mann. Und das, obwohl die britische Bomberwaffe mit jedem Monat an Kraft gewann, obwohl die USA nun mit gewaltigen Luftstreitkräften in den Krieg eingriffen.

Die Ära der restlosen Überforderung der deutschen Luftwaffe begann, mit einem unbesiegten England im Rücken, mit dem von Hitler vom Zaun gebrochenen Krieg gegen die Sowjetunion, der freilich zu den Urträumen des Volkstribunen gehörte, der sich vermaß, das europäische Rußland in eine deutsche Kolonie zu verwandeln. Zwei Selbstmorde in der Spitzenführung der Luftwaffe, die vor der deutschen Öffentlichkeit natürlich verschleiert wurden, akzentuieren das Bild von der Tragödie der Luftwaffe. Am 17. November 1941 erschoß sich der Generalluftzeugmeister Generaloberst Udet. Er wußte sehr wohl, daß die ganze Luftrüstung schief gelaufen war. Vergeblich hatte er zuletzt auf eine klare Entscheidung gedrängt, wie man die kommende Luftrüstung steuern solle: Bau einer Großangriffswaffe – oder Bau einer Großjagdwaffe zur Verteidigung des Heimatkriegsgebietes, das nun halb Europa umfaßte. Udet war für die zweite Lösung. Vergeblich, weder Göring noch Hitler waren zu klaren Entscheidungen und zu einer realistischen Einschätzung der Lage fähig. Im Reichsluftfahrtministerium sah sich Udet zudem mehr und mehr entmachtet durch den Staatssekretär und Generalinspekteur der Luftwaffe, Feldmarschall Milch, der ihn der Unfähigkeit bezichtigte. So blieb nur der Griff zur Pistole. Offiziell hieß es, Udet sei bei der Erprobung einer neuen Waffe tödlich verunglückt.

Nach schweren Fehlentscheidungen und Niederlagen in der Heimatluftverteidigung, vor allem in der Luftschlacht über Hamburg und beim Bombenangriff auf die deutschen Fernraketenproduktionsstätten in Peenemünde, erschoß sich der seit 1939 amtierende Generalstabschef der Luftwaffe, Generaloberst Jeschonnek am 18. August 1943 im Luftwaffenhauptquartier »Robinson« bei Goldap in Ostpreußen. Göring wollte ihn jetzt zum Sündenbock für alle Fehlschläge bei der Luftwaffe stempeln. Und dabei war es Jeschonnek gewesen, der bedingungslos und wider besseres Wissen im November 1942 Göring gedeckt hatte, als der seit 1940 zum Reichsmarschall erhobene Oberbefehlshaber der Luftwaffe gegenüber Hitler sich für die – de facto aus Mangel an Transportkräften unmögliche – Luftversorgung der im Riesenkessel von Stalingrad eingeschlossenen 6. Armee verbürgt hatte, bis Entsatz der Armee möglich war. Diesmal brauchte man im Führerhauptquartier 24 Stunden, bis man die Floskel gefunden hatte, um der Öffentlichkeit den Tod des noch jungen Generalstabschefs plausibel zu machen. Er sei einer unheilbaren Krankheit erlegen, hieß es am 19. August 1943.

In Wahrheit war die Luftwaffe nun bereits unheilbar krank. Aber Jeschonneks Selbstmord hob General Koller eine Stufe höher. Nachfolger Jeschonneks wurde Generaloberst Günter Korten, zuletzt Oberbefehlshaber einer Luftflotte an der Ostfront, Kollers Vorgänger als Stabschef der Luftflotte 3. Korten wählte sich Koller zum Chef des Luftführungsstabes, eine Dienststellung, die dieser am 5. September 1943 antrat. Koller hatte bei der Luftflotte 3 in Generalfeldmarschall Sperrle einen verständnisvollen Oberbefehlshaber gefunden, der den Luftkrieg wie sein Stabschef nach herkömmlichen Regeln führen wollte. Er hatte mancherlei durchsetzen können, was ihm als Christ und als traditionell erzogenem Offizier geboten schien: Die Schonung von Kirchen wie der berühmten Kathedrale von Chartres bei Luftangriffen, die Schaffung eines Seenotrettungsdienstes für Freund wie Feind mit zwei Sparten, für den Atlantik und die englische Kanalküste, den er trotz Einspruches von höchster Stelle wegen zu hoher eigener Verluste aufrechterhielt, die stillschweigende Nichtbeachtung des »Führer-Befehls« von 1942, wonach Gefangene, die bei feindlichen Kommando-Unternehmen an der Kanal- oder Atlantikküste gemacht wurden, dem SD zu überstellen seien. Typisch für Kollers Einstellung gegenüber dem britischen Gegner war folgende Episode: Ein Captain der Royal Air Force büßte beim Abschuß über dem besetzten Gebiet seine Beinprothese ein. Koller ließ Funkverkehr mit dem Gegner aufnehmen, sicherte freien Ein- und Abflug zu, wenn eine neue Prothese für den kriegsgefangenen Offizier herangeschafft wurde. So geschah es auch. Daß der Reichsmarschall über diese

Maßnahme höchst ungehalten war, nimmt niemand wunder. Daß der dann tragisch geendete Generalstabschef Jeschonnek sie pflichtgemäß gleichfalls mißbilligte, zeigte freilich, wie weit sich dieser vom normalen Denken der Kameradschaft unter Fliegern entfernt hatte.

Als Chef des Luftwaffenführungstabes kam Koller in unmittelbare Berührung mit der ungesunden Atmosphäre des Führerhauptquartiers. Es zeigte sich nun, daß die Luftwaffe praktisch zwei Oberbefehlshaber besaß, den Reichsmarschall (einen Rang der alten Reichsarmee des längst versunkenen alten Heiligen Römischen Reiches) und den »Führer« höchstpersönlich, der sich völlig in die Lenkung eines bereits verlorenen Krieges verbissen hatte und sich alle maßgeblichen Entscheidungen selbst vorbehielt, obwohl er von der Luftkriegführung noch weniger verstand als sein Reichsmarschall, den er für unfähig hielt, seitdem er die Luftschlacht über England verloren hatte. Koller erlebte einen neuen »Dies ater« für die Luftwaffe, den 18. November 1943. Hitler wurden die modernsten Schöpfungen der Luftfahrtindustrie vorgeführt, darunter die Me 262, der neue Düsenjäger (Strahlflugzeuge, wie man damals sagte) der Messerschmitt-Werke. Der Düsenjäger bot alle Möglichkeiten, um die Bomberströme der Engländer und Amerikaner wirksam zu bekämpfen, die zu jener Zeit noch nicht von Langstreckenjägern begleitet wurden. Hitler fragte Professor Messerschmitt, ob solch Strahlflugzeug auch Bomben tragen könne? Messerschmitt, mit Hitlers abgründiger Argumentationsweise wenig vertraut, antwortete, bei einem Umbau könne solche Maschine auch

zwei Bomben von je 250 Kilo mit sich führen. Hitler befand, es handele sich hier um den »Schnellbomber« der Zukunft für Vergeltungsangriffe gegen England, und verordnete den Umbau. Die letzte große Chance für die deutsche Jagdwaffe wurde vertan.
Generaloberst Korten ging mit großem Optimismus an die Arbeit, um die Luftwaffe, vor allem die Kampfwaffe, zu reformieren. Von ihm versprach man sich im Offizierskorps Wunderdinge. Doch Korten hatte den ewigen Wirrwarr in der höchsten Spitzengliederung falsch eingeschätzt. Erreicht wurde wenig. Dann fiel er nach dem Bombenattentat des Oberst Graf Stauffenberg am 20. Juli 1944 seinen schweren Verletzungen zum Opfer. Der Staatsstreichversuch ging vom Heeresoffizierskorps aus. Die Luftwaffe blieb davon unberührt. Der beste Nachfolger für Korten war auch in Görings Sicht General Koller. Koller winkte ab. Göring versuchte mit Hilfe des Generalobersten Ritter von Greim, Oberbefehlshaber der im Osten eingesetzten Luftflotte 6, ihn zu überreden. Vergebens, der Chef des Luftwaffenführungsstabes wußte sehr wohl, daß an der Gesamtlage der Luftwaffe nichts mehr zu ändern war. Außerdem hielt sein Herz der Sisyphusarbeit im Hauptquartier nicht mehr stand. Im August 1944 schickte ihn Hitler noch auf eine Inspektionsreise an die bereits schwer angeschlagene Westfront. Koller hielt ihm hernach Vortrag und unterstrich mit allem Nachdruck die Notwendigkeit, die deutsche Luftwaffe mit Strahljägern auszurüsten. Hitler schwieg zu alldem und gab dann endlich die Genehmigung, wenigstens einen Teil der Produktion von Strahlflugzeugen als Jäger zu bauen – um fast ein ganzes Jahr zu spät.

Mit erheblichen Kreislaufstörungen kam General Koller am 4. September 1944 zur Kur in das Luftwaffenlazarett Bad Wiessee, wo er bis zum 22. November 1944 blieb. Aushilfsweise wurde der bisherige Chef des Ausbildungswesens General Kreipe neuer Generalstabschef. Er wunderte sich später selbst, wieso man gerade auf ihn verfallen war. Kreipe versuchte, die Ausbildung zu straffen und zu intensivieren. Ändern konnte er nicht mehr viel. Dafür sah er sich zunehmendem Druck von seiten der SS-Führung ausgesetzt. Seine Telefongespräche wurden vom SD überwacht. Nach dem 20. Juli 1944 war der Reichsführer SS Heinrich Himmler, Reichsinnenminister und Chef der deutschen Polizei, auch Befehlshaber des Ersatzheeres geworden, da der Putschversuch im wesentlichen mit dem Ersatzheer ins Werk gesetzt worden war. Die gesamte Fernraketen-Produktion und der Einsatz der sogenannten Vergeltungswaffen, die teils von Flakartillerie, teils von der Heeres-Artillerie bedient wurden, waren dem SS-Gruppenführer Kammler unterstellt worden. Und im ewigen Zank der Satrapen Hitlers untereinander war es jetzt, eine Stunde vor Mitternacht, Himmlers Ehrgeiz, auch die Luftwaffe unter seine Kontrolle zu bringen, da deren Oberbefehlshaber bei Hitler nichts mehr galt. Freilich, in dieser Hinsicht wehrte sich der Reichsmarschall noch bis Toresschluß. Eine SS-Luftwaffe durfte es niemals geben!
Am Ende seiner Kur in Bad Wiessee nahm der General der Flieger Koller den Posten des Generalstabschefs an. Am 23. November 1944 löste er General Kreipe ab. Er war somit der siebte und letzte Generalstabschef der Luftwaffe in den zehn Jahren ihrer offiziellen Existenz

zwischen 1935 und 1945. Wirkliche Generalstabsarbeit im Sinne eines Scharnhorst und Gneisenau, ein Zusammenspiel eines gedankenreichen und für die Entschlüsse der Führung mitverantwortlichen Chefs mit einem verständigen, entschlußfreudigen Oberbefehlshaber im Besitz eines schlagkräftigen, starken Wehrmachtteils war gar nicht mehr möglich, was Koller sehr wohl wußte.

Er besaß jedoch ohne Zweifel das Zeug, unter normalen Umständen ein guter oder brillanter Generalstabschef zu werden.

So aber wurde er zur Wende 1944/45 nur der Geschäftsführer eines bankrotten Riesenkonzerns, von dem nur noch einige Außenstellen funktionierten, ohne den endgültigen Zusammenbruch aufhalten zu können.

Die deutsche Luftwaffe war unvorbereitet in den Zweiten Weltkrieg gegangen, mit 1176 Kampfflugzeugen, 771 Jagdflugzeugen, 356 Aufklärern und 981 Transportern und Maschinen für Sonderzwecke. Einer sehr vielgestaltigen, ideenreichen Luftindustrie standen stets Engpässe in der Treibstoff- und Rohstoffversorgung gegenüber, ganz abgesehen von einer wirklichen Produktionslenkung mit klaren luftstrategischen und -taktischen Zielen. Dafür besaß sie für kurze, rasch verwehende Zeit einige der 1939/40 modernsten Flugzeugtypen der Welt, den Messerschmitt-Jäger Me 109, den völlig neuartigen Sturzkampfbomber von Junkers. Ausgerüstet für einen Verteidigungskrieg in begrenzten europäischen Räumen auf dem Kontinent, bescherte ihr der anfänglich ungewöhnliche Verlauf des Zweiten Weltkrieges ungeahnte Erfolge. Den isolierten Feldzug gegen Polen, das wiederum isolierte Unternehmen zur Sicherung Dänemarks und Norwegens vor dem englischen Zugriff, den wiederum isolierten Westfeldzug gegen Frankreich, Belgien und die Niederlande konnte sie mit ihren begrenzten Mitteln ehrenvoll bestehen. Bei den »Blitzfeldzügen« im Osten und Westen bewährte sich die neuartige Kombination von durch Funk auf dem Gefechtsfeld geführten Panzer-Großverbänden und den »Stukas« als vorausfliegender Artillerie.

Im Sommer 1940 wiegten sich der »Führer« und der neugebackene Reichsmarschall in der angenehmen Vorstellung, sie besäßen die beste und mächtigste Luftwaffe der Welt. Weshalb man sich entschloß, einen Entwicklungsstop zu verfügen und nur die hochbewährten vorhandenen Flugzeugtypen weiterzubauen. Wußte man nicht, wie schnell gerade in der Luftfahrttechnik ein Typ den anderen überholt?

Die Wende kam schneller als gedacht und vollkommen unerwartet. Am 13. August 1940 war »Adlertag«. Die Luftflotten 2 und 3 auf den neugewonnen Absprungplätzen in Westeuropa und die Luftflotte 5 in Norwegen sollten, wie der Reichsmarschall bombastisch erklärte, den »Himmel über Süd- und Mittelengland« freifegen, um die Landung deutscher Truppen in England zu ermöglichen. Damit wurde die Luftwaffe zum ersten Mal restlos überfordert. Vom »Freifegen« war keine Rede. Die englische Jagdverteidigung schlug sich mit außerordentlicher Bravour, ihre Spitfire-Jäger erwiesen sich nicht selten schon den Me 109 als überlegen. Bis Ende Oktober 1940 büßte die Luftwaffe in der Schlacht um England 1868 Flugzeuge ein. Sie ließen sich noch ersetzen, viel schwerer wog der Verlust an gut ausgebildetem und nach den vorangegangenen Kriegseinsätzen erfahrenen fliegendem Personal. Das Angriffsziel wurde gewechselt. Nun sollten die Verbände der drei Luftflotten die englische Wirtschaftskraft niederkämpfen, durch Angriffe auf Häfen, Industriezentren, Rüstungsanlagen. Die Moral der halsstarrigen Briten, die nach Hitlers Meinung im Sommer 1940 hätten Frieden schließen müssen, als er Herr über Westeuropa geworden war, sollte gebrochen werden. Die zweite Überforderung. Für solche Aufgabe fehlte es der Luftwaffe an schweren Bombern, die niemals gebaut worden waren. Schlimmer noch für das Schicksal des gesamten Wehrmachtteils, Hitler verlor das Vertrauen zu Göring, seitdem die »Adler-Offensive« mißlungen war. Und der unselige Reichsmarschall, der wußte, daß er ohne Hitler ein reiner Niemand war, reagierte auf seine Weise. 1937 hatte er durch den Zahnarzt der Prominenz des »Dritten Reiches«, Professor Blaschke, Bekanntschaft mit einem schmerzstillenden Mittel gegen Zahnschmerzen gemacht, das eine Spur Morphium enthielt. Seitdem nahm er solche Tabletten, um so mehr davon, je düsterer die Lage wurde. Er verfiel schließlich der Tablettensucht, was seine Schlagkraft keineswegs stärkte, obwohl er nun krampfhaft bemüht war, Hitlers Vertrauen zurückzugewinnen.

Mit dem Frühjahr 1941 begann überraschend der fünfte und letzte aller isolierten Teilfeldzüge gegen Jugoslawien und Griechenland. Die Luftwaffe konnte noch einmal die ihr gestellten Aufgaben erfüllen. Dann verebbten alle massiv geführten Luftangriffe auf England.

Die Luftflotte 3 verblieb im Westen, die Luftflotte 5 in Norwegen. Drei Luftflotten wurden für den Angriff auf die Sowjetunion eingesetzt. Bis in den Herbst 1942 hinein konnten sie die Luftherrschaft über den ständig nach Osten erweiterten Kampfraum aufrechterhalten. Aber im Grunde setzte mit dem Angriffstag gegen die UdSSR die völlige und stetig zunehmende Überforderung dieses Wehrmachtteils ein, zumal sich der Einsatzraum nun auch nach Süden, nach Sizilien, Malta, Nordafrika ausdehnte, und die vorhandenen Kräfte, einschließlich der Deckungsverbände für das deutsche Heimatkriegsgebiet, nicht in dem notwendigen Maß verstärkt werden konnten.
Der hohen Zahl hochbegabter Konstrukteure in der Flugzeugindustrie stand eine große Zahl berühmter Jagd- und Kampfflieger gegenüber. Wie im Ersten Weltkrieg pflegte die Luftwaffe das Ideal des Einzelkämpfers, des »Ritters der Luft« mit zum Teil sagenhaften Abschußziffern. Doch die »Ritter der Luft« erlagen dem Masseneinsatz auf seiten der Gegner. Die deutsche Industrie war auf die Serienproduktion beschränkt. Beim Gegner, bei den Anglo-Amerikanern sowohl wie bei den Sowjets, setzte die Massenproduktion bestimmter durchkonstruierter Typen ein, mochte es sich nun um schwere Langstreckenbomber oder um Jagd- und Schlachtflieger – wie bei den Sowjets – für taktische Einsätze auf dem Gefechtsfeld handeln. Die mobilisierten Massen bestimmten das Kriegsbild, nicht mehr der Ritter und der Held im klassischen Sinne.
Vom Frühjahr 1942 an begann mit den Angriffen auf

Lübeck, dem Viernächtebombardement von Rostock und dem sogenannten »Tausendbomberschlag« auf Köln die britische Luftoffensive gegen das deutsche Heimatkriegsgebiet, mit dem Ziel der Auslöschung der Städte und damit der Moral des deutschen Volkes. Von 1943 an schalteten sich die Amerikaner mit ihren schwerbewaffneten »Fliegenden Festungen« ein. Sie flogen zunächst von England, dann auch von Süditalien aus Punktangriffe auf industrielle Ziele, während den Engländern die Nachtflächen-Terrorangriffe vorbehalten blieben. Das Fazit bis 1945, bis zum Einbruch der alliierten Bodentruppen von Westen her und der Roten Armee von Osten in das Reichsgebiet: Die Moral der deutschen Zivilbevölkerung brach nicht. Im Gegenteil, der pure Terror steigerte nur ihren Abwehr- und Überlebenswillen.
Die deutsche Jagdverteidigung hatte eine große Chance; in der Produktion von Düsenjägern besaß das Deutsche Reich einen Vorsprung vor den Alliierten, zumindest für 1943/45. Die oberste Führung vertat die Chance. In der Erzeugung unbemannter Fernraketen lag das Deutsche Reich gleichfalls an der Spitze der damaligen Entwicklung. Niemand begriff rechtzeitig die Möglichkeiten solcher Fernwaffen. Für den Historiker ist die Frage nach dem, was geschehen wäre, wenn, müßig. Es ist eben nicht geschehen, aus guten Gründen, weil die deutsche oberste Führung in ganz anderen Kategorien dachte als denjenigen eines modernen technologischen Krieges.
Als General Koller Chef des Generalstabes der Luftwaffe wurde, war die Situation bereits paradox. Dank der organisatorischen Maßnahmen des Reichsrüstungsministers Speer erzielte die deutsche Produktion etwa von

Jagdflugzeugen konventioneller Art den höchsten Ausstoß, den sie in diesem Krieg überhaupt erreicht hat. Gleichzeitig ging jedoch die Krise in der Treibstoffversorgung ihrem Höhepunkt entgegen, und das Transportnetz wurde mit jedem Monat stärker gelähmt. Ebenso verringerte sich unaufhaltsam die Basis für die Einsätze. Die Gesamtlage war hoffnungslos, obwohl es durchaus noch intakte Luftverbände gab, die ihre Pflicht auf verlorenem Posten erfüllten, so gut sie dies irgend noch vermochten. Was den »Führer« nicht davon abhielt, über das Versagen der Luftwaffe zu schimpfen, und den Reichsführer SS Himmler nicht an Versuchen hinderte, die Luftwaffe unter seine Kontrolle zu bringen.
In den Tagebuchnotizen und Betrachtungen über den »Letzten Monat« des »Dritten Reiches«, die Koller zuerst 1949 veröffentlichte, ohne daß sie damals die gebührende Beachtung fanden, enthüllt sich das Führungschaos im untergehenden vorgeblich so straff organisierten »Führerstaat«. Ihren Inhalt wollen wir hier nicht vorwegnehmen. Nur soviel läßt sich vorab sagen: In seinen Aufzeichnungen mißt sich Hitlers langjähriger Luftwaffenadjutant Oberst Nikolaus von Below das Verdienst zu, daß er General Koller wegen seiner genauen Kenntnis der Luftwaffenprobleme und seiner »Ruhe und Ausgeglichenheit« als Generalstabschef empfohlen und seine Ernennung auch durchgesetzt habe. Ruhe und Ausgeglichenheit konnten seinem Wehrmachtteil nichtviel mehr nützen, waren jedoch in der Wirrnis im zerfallenden »Führerstaat«, dem Katz- und Mausspiel mit der noch immer geltungsbedürftigen und anmaßenden SS dringend vonnöten. Aber wahrscheinlich hat der

ewige Nervenkrieg, den er als Generalstabschef zu führen gezwungen war, seiner Gesundheit, trotz der Kur in Bad Wiessee, mehr zugesetzt, als er es selbst geahnt hat. Nach dem Zusammenbruch blieben die hohen Stäbe zunächst nach der Gepflogenheit der Amerikaner und Engländer, zum höchsten Mißtrauen der Sowjets, die an die amerikanisch-britische Bündnistreue nicht glauben mochten, im Amt, um die Demobilmachung der riesigen Gefangenenmassen zu überwachen. Dann kam auch für General Koller die Internierung, die Vernehmungen durch die alliierten Sieger, bei denen ihm große Achtung entgegengebracht wurde. Ihm konnte man keine echten oder behaupteten Kriegsverbrechen vorwerfen. Nach der Entlassung aus der Kriegsgefangenschaft kehrte er in die alte oberbayrische Heimat zurück. Von sich selbst viel Wesens zu machen, hat nie seinem Charakter entsprochen. Das Urteil der Münchner Spruchkammer im Entnazifizierungsprozeß sagt genug. Politische Kreise im neuen zweiten Freistaat Bayern dachten daran, ihm, dem ehemaligen Polizeioffizier, den Posten des Polizeipräsidenten von München anzutragen. Zwei Tage vor Heiligabend nahm ihn plötzlich im Jahre 1951 ein Herzschlag hinweg, mit nur 53 Jahren. Im Dienst für das Vaterland, nicht für den ihm innerlich immer fremd gebliebenen »Führer«, der Deutschland ruiniert hatte, hatte er doch wohl zu viel gegeben.

Walter Görlitz

Einleitung

Aussprachen, mündliche Besprechungen, mündlich oder fernmündlich gegebene Weisungen oder Anordnungen werden sehr leicht mißverstanden, besonders wenn der, der sie zu geben hat, sich nicht ganz klar und präzise ausdrückt oder unter Zeitdruck in seiner Sprache zu eilig ist.

Auch wenn der Inhalt im Augenblick der Aufnahme durch den Empfänger richtig verstanden wird, geschieht es häufig, daß bereits kurz nachher, und steigend mit dem Abstand der Zeit, Einzelheiten verdreht und verstellt wiedergegeben und oft wichtige Worte verwechselt werden.

Die Auswirkungen sind in vielen Fällen unerheblich, können aber bei der politischen und militärischen Führung nicht nur für die Beteiligten, sondern für das Ganze von schwerwiegenden Folgen sein.

Gefährlich wird es, wenn es dem obersten Führer selbst beliebt, eine eigene, mündlich gegebene Anordnung, weil er sie vielleicht vergessen hat, nachträglich zu bestreiten oder anders ausgelegt wissen zu wollen, als sie ursprünglich ausgesprochen war.

Deshalb ist es nicht nur aus geschichtlichen Gründen erforderlich, den Inhalt von mündlichen und fernmündlichen Anordnungen oder Besprechungen sofort beiderseitig, wenigstens in den Hauptpunkten, schriftlich festzulegen.

Im Dienst habe ich sehr rasch gelernt, diese alte militärische Erfahrung gründlich zu beachten. Ich habe, schon 1938 beginnend, alle Ferngespräche und mündlichen Anordnungen oder Besprechungen im Stenogramm mitgeschrieben.

Mein Notizbuch lag immer schreibbereit vor mir, begleitete mich überall, auch zu den Lagevorträgen bei Hitler in der Wolfsschanze, auf dem Berghof, in der Reichskanzlei und im Führerbunker.

Meine Aufzeichnungen waren kein Tagebuch im üblichen Sinn, sondern eine chronologische Folge dienstlicher Notizen und waren dementsprechend auch bezeichnet als »Dienstnotizen«. Teile davon wurden leider zerstört oder sind verschwunden. Bei einem andern Teil der Unterlagen besteht Hoffnung, den Inhalt noch zu retten. Dagegen sind die Aufzeichnungen vom 14. April bis zum 27. Mai 1945 vollständig.

Von verschiedenen Seiten, auch aus Kreisen der ehemaligen Soldaten häufig gebeten und dazu angeregt, übergebe ich nunmehr den Inhalt meiner Aufzeichnungen selbst der Öffentlichkeit.

Vor Jahren erschienen, von England ausgehend, in Presseartikeln über die vergangene Zeit einzelne Sätze und Abschnitte, die offenbar meinen, mir in der Gefangenschaft vorübergehend beschlagnahmten Aufzeichnungen entnommen waren. Schließlich erschien 1947 ein Buch von H. R. Trevor-Roper (Angehöriger des englischen Intelligence-Service) – The Last Days of

Hitler –, in dem gleichfalls Teile meiner Aufzeichnungen verwertet worden sind.
In allen jenen Veröffentlichungen waren neben richtigen Angaben Einzelheiten irrig.
Diese Veröffentlichung folgt dem Wortlaut meiner Aufzeichnungen unter Weglassung von Nebensächlichkeiten und Kürzung einzelner Stellen. Spätere Erkenntnisse in den Text einzufügen, habe ich unterlassen. Wo zum leichteren Verständnis in seltenen Fällen kleine Stilverbesserungen erforderlich waren, sind sie geschehen, ohne den Sinn zu verändern. Aussprüche, Anforderungen, Befehle, Meldungen und dergleichen sind immer im Wortlaut angeführt.
Ebenfalls sind zum leichteren Verständnis Dienstgrade und Dienststellen eingefügt, wo meine Aufzeichnungen nur – mir bekannte und geläufige – Personennamen enthalten.
Die Veröffentlichung meiner Aufzeichnungen soll weder eine »Abrechnung« noch eine »Rechtfertigung« sein. Sie ist die einfache Wiedergabe von Tatsachen und Gedanken, wie ich sie erlebt und empfunden und inmitten der Hast der Ereignisse festgehalten habe.
Ich möchte nicht verfehlen, an dieser Stelle Herrn Dr. Rudolf Baumgardt für die Unterstützung bei den Vorarbeiten zur Veröffentlichung meinen besonderen Dank zu sagen.

Karl Koller

Im Führerbunker der Reichskanzlei

14. April: In der Lagebesprechung heute begann Hitler gleich wieder zu toben. »Die Luftwaffe ist ein fauler Laden, es sind Nichtstuer, überall Schlendrian.« In höchster Erregung fügte er weitere, schwere Vorwürfe an, so daß in dem Bunker alles zusammenlief.
Der Grund waren die total zerbombten Flugplätze der Strahlerverbände (Turbo-Flugzeuge, damals Strahlflugzeuge oder Strahler genannt) im Westen, dann auch im Norden von Berlin. Man hatte sie vier Tage nach dem Bombardement noch nicht wieder herstellen und damit erneut einsatzfähig machen können. Hitler will nicht verstehen, warum sie nicht über Nacht in Ordnung gebracht wurden. Die Eisenbahn, sagt er, wäre auch in der Lage, die zerbombten Gleise in wenigen Stunden wieder herzurichten.
Ich erwidere: »Nicht die Luftwaffe, sondern die OT ist für den Bau zuständig. Was überhaupt nur möglich, ist eingesetzt. Aber auf einer Startbahn in Oranienburg zum Beispiel liegen allein 250 Bombentrichter, in ihnen kommt das Grundwasser hoch, und sie müssen zunächst von dem erschütterten und gelockerten Erdreich, erfahrungsgemäß also von 20–25 cbm Erde geleert werden. Gewaltige Arbeitsleistungen sind erforderlich, und man kann immer nur eine gewisse Höchstzahl von Men-

schen, Kraftwagen und Maschinen gleichzeitig auf einer Startbahn beschäftigen. Bei der Eisenbahn kann man Löcher einfach zuschütten, Geleise drauflegen und dann langsam drüberfahren. Das geht bei Startbahnen für so schnelle Flugzeuge, wie Strahler es sind, nicht. Sie würden bei nicht genügend sorgfältiger Festigung der Start- und Landebahnen bei Start oder Landung zerstört werden.« Hitler setzt seine Beschimpfungen fort und befiehlt Bormann (Reichsleiter und Chef der Parteikanzlei), sofort Beauftragte der einzelnen Gauleiter auf die Flugplätze zu schicken, die nachprüfen sollen, was die Luftwaffe getan hat. Er wolle dann unmittelbar die Meldungen haben.

Kurz danach kommt Speer. Auch ihn überfällt Hitler sogleich mit der Sache. Speer wehrt sich mit denselben Argumenten wie ich. Hitler bleibt unbelehrbar, er ruft mir laut und grob zu: *»Ich verlange, daß künftig jeder bombardierte Flugplatz über Nacht wieder einsatzbereit gemacht wird.«* Etwas später spreche ich Speer im Vorraum über die Angelegenheit; Speer meint: »Lassen Sie ihn doch reden, er versteht nichts davon und hat noch nie einen ausbombardierten Flugplatz gesehen.« Im Verlauf unserer Unterhaltung erzähle ich Speer, daß Professor St. (ein Militärbeamter der Luftwaffe) mir angeboten hat, sich überrollen zu lassen, um drüben mit Hilfe seiner persönlichen Beziehungen den Gegnern im Westen darzustellen, wie untunlich es für die Engländer und Amerikaner wäre, wenn die deutsche Technik und die deutschen Ingenieure durch die Russen eingeheimst würden. St. glaubt auch, den Westgegner von der Notwendigkeit eines »Kampfes gegen den Osten« überzeu-

gen zu können, er ist anständig und ein Idealist. Er will aber seine Absicht nur ausführen, wenn er einen ausdrücklichen Auftrag von Hitler bekommt. Den erhält er nie, Hitler läßt uns ungesäumt aufhängen, falls wir überhaupt einen solchen Gedanken nur laut werden lassen. Was daher tun?
Speer: »So machen wie ich. Meine hervorragendsten Techniker, Industriellen und Bauleitungen habe ich überrollen lassen, und jetzt arbeiten sie auf der anderen Seite genauso an der Wiederherstellung von Zerstörungen wie vorher bei mir. Damit dienen sie dem deutschen Volk, denn lediglich deshalb geschieht es. Wenn allerdings der feindliche Atlantiksender, wie geschehen, den Vorgang verbreitet, ist es schlimm für mich.«
Ich muß wieder in die Lagebesprechung zurück. Drinnen äußert Hitler eben über die Situation im Westen: »Die weißen Fahnen werden nur von Fremdländern ausgehängt, die Deutschen zeigen keine weißen Fahnen, sie tun es nicht, das ganze deutsche Volk hat heute nur ein einziges gemeinsames Denken: Kampf gegen die Vernichtung durch den Feind bis zum letzten.« Danach aber würde doch das Volk ja auf jeden Fall vernichtet! Die Anschauung Hitlers ist völlig unfaßbar. Er bildet sich ein, das ganze Volk denkt, wie er es haben will. Er ist über die wahre Stimmung entweder nicht unterrichtet, oder er will es nicht sein. Das ist um so unverständlicher, als über die weißen Fahnen und ähnliche Vorgänge im Westen sogar die Gauleiter richtig gemeldet haben.
Auf der Rückfahrt vom Führerbunker nach Wildpark-Werder heule ich vor Verzweiflung und Wut.

16. April: Jodl hält bei der Lagebesprechung Vortrag. Bild etwas rosiger als gestern, worauf Hitler glaubt, daß man den Feind im Westen durch Flankenstoß von Norden zur Einstellung seiner Offensive zwingen könne. Dem vermag ich in nichts beizupflichten. Die Idee ist absurd, denn der Gegner ist für unsere schwachen Kräfte viel zu stark.

17. April: Hitler befiehlt Einsatz der Luftwaffe gegen Autobahn von Südosten in Richtung *Kottbus,* wohin die Russen mit Macht vorstoßen. Er sagt dabei: »Die Russen werden sich vor Berlin die blutigste Niederlage holen, die es überhaupt gibt.«
Das erscheint mir utopisch. Der Russe wird zwar in den ersten Tagen eines Angriffes an der Oder bei Frankfurt und abwärts abgewiesen werden, doch kann er dauernd Kräfte nachschieben, während wir über keine Reserven in der Tiefe verfügen. Daher ist ein Durchbruch durch die Oderstellung als sicher zu erwarten.
Hitler ordnet an, daß Frankfurt an der Oder um vier Bataillone geschwächt wird; wahrscheinlich soll es dann aufgegeben werden. Von mir fordert er ausreichende Brennstoffversorgung und fliegende Verbände zu den eingeschlossenen Armeen in Kurland.
Ich sage: »Brennstoff ist nur in ganz bescheidenem Umfang vorhanden. Verbände noch nach Kurland zu legen, ist zwecklos, sie können nicht versorgt werden.«
Er befiehlt: »Rudel (Oberst und Kommodore eines Schlachtgeschwaders, Spezialist für Panzerbekämpfung aus der Luft, Inhaber der höchsten deutschen Auszeich-

nung) soll die Jabo-Strahlerverbände bekommen. Alle unter seiner Führung zusammenfassen.«
Ich wende ein: »Die Verbände liegen nach der Kampflage im Süden und Norden, bei der Trennung Deutschlands kann sie ein Mann gar nicht führen, es sei denn, man faßt sie in einem Raum zusammen. Dann aber fehlen sie im andern.«
Hitler: »Oben im Norden muß er dann einen Vertreter haben.« Gleichzeitig fragt er, ob Rudel die Aufgabe bereits übertragen wurde, er, Hitler, hätte es schon vor einigen Tagen befohlen.
Meine Antwort: »Ich habe erst gestern davon gehört, und zwar nicht als Befehl, sondern als eine Erwägung.«
Hitler: »Die Luftwaffe ist langsam und langweilig, ich erwarte von der Luftwaffe sofortige Anordnungen und nicht erst nach Wochen. Rudel ist ein brillanter, tapferer Offizier, in der Wehrmacht ist kein solcher Offizier mehr da.«
Ich entgegne: »Rudel würde große Schwierigkeiten bei der Übernahme der Strahler haben, er kennt sie bis jetzt überhaupt nicht und hat sie auch nie geflogen. Für die Erhaltung ihrer Einsatzbereitschaft sind genaue Kenntnisse ihrer Technik und Erfahrungen notwendig. Rudels Können und seine Tüchtigkeit liegen auf ganz anderem Gebiet. Wenn er im Süden führen und im Norden einen Vertreter haben soll, ist es zudem genau wie bisher, es führen praktisch zwei.«
Hitler: »Völlig gleichgültig. Im Ersten Weltkrieg stand auch kein Flieger an der Spitze der deutschen Fliegertruppe, sondern ein General der Infanterie. Was hat denn die Luftwaffe schon für einen General, der das

besser versteht? Welcher General kann denn die Me 262 fliegen? Von den Generalen geht ja keiner an die Front. Der Rudel ist ein Kerl, alle anderen in der Luftwaffe, Galland, der Theatermann, und andere mehr, sind Kokolores.«

Man kann weder dazu etwas sagen noch ihn unterbrechen, denn das alles wird mit enormem Wortschwall und in höchster Erregung hervorgesprudelt. (Er hat sich dann Rudel persönlich bestellt, um ihm direkt die Aufgabe zu übertragen. Rudel, der viel zu vernünftig war, um die Sache übernehmen zu wollen, hat mir geholfen, die Geschichte abzubiegen.)

In der Besprechung kommt Hitler plötzlich auf Knipfer (Ministerialdirigent und Chef Luftschutz, RLM, Chef der Luftwehr) und fragt: »Wo ist dieses Schwein Knipfer jetzt, was ist gegen ihn geschehen, wahrscheinlich genießt er eine Pension?«

Ich sage: »Ich weiß nicht, was Knipfer getan haben soll und was gegen ihn vorliegt. Meines Wissens ist er entlassen.«

Es entspinnt sich eine Debatte. Hitler verlangt den Fronteinsatz Knipfers durch die SS. Fegelein (SS-Gruppenführer, Verbindungsoffizier der Waffen-SS des Reichsführers Himmler im Führerhauptquartier) redet einfach dazwischen, schlägt Hitler vor, Knipfer zur Brigade Dirlewanger zu schicken. Hitler greift das sofort auf und gibt an Fegelein einen entsprechenden Befehl.

Das ist unerhört! In der Brigade Dirlewanger stecken sogenannte »Bewährungsleute«, es sind einfach Verbrecher. Knipfer hat überhaupt nichts Unrechtes getan, und er ist gut über 50. Eine halbe Stunde später forderte

Fegelein von mir ein Flugzeug, um Knipfer aus seinem Aufenthaltsort Kitzbühl abzuholen. Ich verweigere das Ansinnen, ich brauche jeden Tropfen Brennstoff dringend für die kämpfende Truppe. Bitte Göring sofort fernmündlich, gegen die von Hitler befohlene Maßnahme zu intervenieren. Er will die Angelegenheit mit Himmler regeln.
(Der Ministerialdirigent Knipfer war kurz vor meinem Dienstantritt als Chef des Generalstabes auf Hitlers ausdrücklichen Befehl von Göring aus dem Dienste entlassen worden. Konkrete Gründe dafür wurden nicht angegeben. Er hat sich im Laufe seines Dienstes an einigen Reichsverteidigungskommissaren und Gauleitern zerrieben und ist den fortlaufend falschen Beschuldigungen zum Opfer gefallen.)
Hitler tobt weiter. Ein dringender Befehl sei vom 20. 12. bis 19. 1. im Luftfahrtministerium liegen geblieben, das zeige, was für eine Schlamperei bei der Luftwaffenführung herrsche. Er habe selbst das betreffende Papier gestern in Händen gehabt.
»Ich bitte«, sage ich, »um die Nummer des Befehls, damit ich der Sache nachgehen kann.«
»Die Nummer können Sie haben«, erwidert er, »aber es geschieht ja doch nichts. Bei der Luftwaffe müssen endlich ein paar erschossen werden, dann wird es gleich anders.«
»Wenn«, entgegne ich, »meinen Dienstbereich dieser Vorfall angeht, wird die Angelegenheit untersucht. Aber ich weiß nicht, wie ich das machen soll, wenn man mir nicht sagt, von welcher Stelle der Befehl ausging, welche Nummer er hat und an wen er gerichtet gewesen ist.«

Ich bin davon durchdrungen, daß das Ganze wieder eine Hetze von Bormann ist. Daß der Vorgang sich wirklich so abgespielt hat, ist ausgeschlossen. Das Luftfahrtministerium hat mit der Geschichte vermutlich nicht das Geringste zu tun. (Ich habe denn auch weder den Befehl noch seine Nummer noch sonstige präzise Angaben erhalten.)
Hitler wütet seit langem fast täglich gegen die Luftwaffe, und er zielt nicht bloß auf ihren Oberbefehlshaber. Meine Einwände gegen seine unsachlichen Argumente sind ihm offenbar lästig. Sein Zorn wird durch Lügen aus Kreisen der Parteiführung immer weiter geschürt.

20. April: Vor dem Beginn der Lagebesprechung Gratulationscour vor dem Beratungsraum im Bunker. Hitler kommt aus seinem Zimmer direkt auf mich zu – ich stehe am linken Flügel – und verlangt von mir eine Garantie, daß die in der Tschechei liegenden Strahlerverbände nachdrücklich gegen die über Lübben vorstoßenden Russen eingesetzt werden. Ich antworte, daß die Anordnungen dazu zwar gegeben, die Verbindungen nach der Tschechei aber unterbrochen seien, so daß ich nichts gewährleisten könne. Er ignoriert das und sagt scharf: »Sie garantieren mir, daß meine Befehle ausgeführt werden.« Darauf geht er zu den übrigen Offizieren und in den anschließenden Lageraum.
Katastrophenlage Lübben–Baruth südlich Berlin. Die letzte Straße nach dem Süden droht abgeschnitten zu werden. Daher habe ich noch vor der allgemeinen Gratulationscour Göring, Keitel, Jodl darauf hingewiesen, daß dies der letzte Termin ist, den Süden auf dem

Landweg zu erreichen, und habe im Hinblick auf die gegebene Luftlage und den Brennstoffmangel eventuell späteres Ausfliegen aus Berlin und Verlegung des OKW auf dem Luftwege abgelehnt.
Alles teilt meine Meinung, aber eine bündige Entscheidung Hitlers ist vorerst nicht zu erhalten. Schließlich benachrichtigt Keitel mich kurz vor Anfang der eigentlichen Lagebesprechung, daß Hitler sich entschlossen habe, bis zuletzt in Berlin zu bleiben.
Da sowohl Göring als auch mein Vertreter General Christian anwesend sind, scheint mir mein Verweilen nicht nötig. Ich habe dringliche Arbeiten im Hauptquartier des OKL Wildpark-Werder zu erledigen.

OKL-Hauptquartier Wildpark-Werder

20. April: Göring war übrigens schon völlig reisefertig aus Karinhall zum Führerbunker gekommen und hatte auch bereits für seine Begleitung die entsprechenden Anordnungen getroffen. Seine Kraftwagen waren alle beladen.

Bei der Lagebesprechung im Führerbunker hat er dann nach meinem Weggang nochmals die Frage der Verlegung angeschnitten und von Hitler gefordert, daß vom OKL sofort wenigstens einer, entweder er oder der Chef des Generalstabes nach dem Süden gehe, weil die Situation dort eine gemeinsame, obere Führung der Luftwaffe verlange. Darauf sagte Hitler: »Dann gehen Sie, der Koller bleibt hier.«

Dies meldet mir nach meiner Ankunft in Wildpark-Werder Christian fernmündlich aus dem Bunker. Er sagt mir, Göring fahre unmittelbar nach der Lagebesprechung nach Berchtesgaden ab. Er ließe mir bestellen, ich müsse bleiben und ihn vertreten. (Somit verschwindet er, und ich darf Hitlers Zorn über mich ergehen lassen.)

Telefon: Oberst von Brauchitsch (Chefadjutant Görings) am Apparat. Brauchitsch berichtet mir, er warte mit den Herren des Stabsamtes und den Kraftwagen auf Göring, der zur Weiterreise in Wildpark-Werder eintreffen

wolle. Inzwischen sei es 21 Uhr geworden, ob ich wohl wisse, wo Göring wäre?
Da ich der Meinung, daß er direkt vom Führerbunker nach Berchtesgaden aufbrach, will ich Brauchitsch mit dem Stabsamt ebenfalls dorthin dirigieren. Sonst besteht die Gefahr, daß die Straße nach Süden vom Feinde besetzt wird. Brauchitsch hat aber so strikten Befehl von Göring, auf ihn zu warten, daß er nicht abzufahren wagt.
Seit Beginn der Nacht. Luftangriffe auf Berlin, Mosquitowellen, die einander laufend folgen. Göring ist immer noch nicht da. Wo kann er nur sein? Dauernd telefonische Anrufe von und zu Brauchitsch.

21. April: Verringere meinen bereits sehr geschmälerten Stab des OKL in Werder noch mal von 125 auf 55 Personen.
70 Offiziere, Soldaten und Helferinnen fahren ab (letztes Fahrzeug, 1.30 Uhr morgens aus dem Hof) über Brandenburg–Belzig–Wittenberg–Dresden nach Berchtesgaden.
2 Uhr morgens Telefongespräch mit General Krebs (Chef des Generalstabes des Heeres): Feindlage und gewünschte Schwerpunkte für den Einsatz der Luftwaffe am 21.4.
1. Schwerpunkt: Russen im Vorgehen von Lübben auf Baruth und Panzerfeind in Jüterbog.
2. Schwerpunkt: Unterstützung des Angriffes der (deutschen) 4. Panzerarmee nordostwärts Bautzen und südlich Spremberg.
Danach Meldungen von 15. Fliegerdivision, Luftwaffen-

kommando Nord-Ost und Luftwaffenkommando Reich über Nachteinsatz der Fliegerverbände. Aufklärung und Nachtschlacht-Einsatz.
Einsatz ist durch schlechte und ständig zurückgehende Sicht stark behindert. Große Waldbrände bei Baruth, brennende Dörfer; in den Flugzeugen dadurch Rauch- und Feuerblendung, dazu Nieselregen.
Um 2.20 Uhr morgens passiert Göring die Wache, sein Wagen lenkt in den großen Hof ein, die Hupe dröhnt. Gleich darauf bestätigt mir Brauchitsch fernmündlich die Ankunft von ihm. (Ich erfahre später durch Oberstabsarzt Dr. Ondarza, der Göring auf der Fahrt vom Führerbunker durch Berlin begleitete, daß sie sich wegen der Luftangriffe geraume Zeit in verschiedenen öffentlichen Berliner Luftschutzbunkern aufgehalten haben. Dabei sei Göring von der Bevölkerung nicht unfreundlich aufgenommen worden, er selbst habe sich sehr leutselig gegeben und Witze gemacht, vor allem auch über seinen berüchtigten Ausspruch, er »wolle Maier heißen, wenn ...« Man sandte sogar Boten aus den Nebenbunkern, um ihn auch dorthin zu bitten. Er ging auch hin und war bei den Berlinern noch durchaus populär.)
Ich bestelle Brauchitsch, daß ich Göring bei seiner Abfahrt vor meinem Dienstgebäude, an dem er ohnehin vorüber muß, sprechen muß. Ich habe Wichtiges für ihn. Dränge auf Eile, da sonst Passieren der Elbe vor Tagesanbruch nicht mehr möglich.
Meine Uhr zeigt drei. In diesem Augenblick fährt Göring an der Spitze seiner Wagenkolonne in hohem Tempo an meinem Hause vorbei und durch das Tor bei der

Hauptwache hinaus. Abgefahren ohne Aussprache und Abschied.

Am frühen Morgen ruft Hitler an. »Wissen Sie, daß Berlin unter Artilleriefeuer liegt? Das Stadtzentrum.«

»Nein.«

»Hören Sie das nicht?«

»Nein! Ich bin in Wildpark-Werder.«

Hitler: »Starke Aufregung in der Stadt über Artillerie-Fernfeuer. Es soll eine Eisenbahnbatterie schweren Kalibers sein. Die Russen sollen eine Eisenbahnbrücke über die Oder haben. Die Luftwaffe hat die Batterie sofort auszumachen und zu bekämpfen.«

Ich: »Der Feind hat keine Eisenbahnbrücke über die Oder. Vielleicht hat er eine schwere deutsche Batterie nehmen und herumschwenken können. Wahrscheinlich aber handelt es sich um mittlere Kanonen des russischen Feldheeres, mit denen der Feind bereits in die Stadtmitte reichen muß.« Längere Debatte, ob Eisenbahnbrücke über die Oder, ob nicht, und ob die Artillerie des russischen Feldheeres bis zum Zentrum von Berlin schießen kann.

Er kennt doch die Lage! Soll Krebs ihn doch über die Reichweite der Artillerie aufklären. Hitler bleibt dabei, daß ich die Batterie sofort festzustellen und zu bekämpfen habe.

Wie denkt er sich das? Wer soll auf diesem Schlachtfeld rund um Berlin bis zur Oder hin schnell eine Batterie auskundschaften, von der man noch nicht einmal weiß, in welcher Himmelsrichtung sie steht. Ihm egal; in 10 Minuten will er sicher wissen, wo die Batterie steht.

Da kommt mir ein guter Einfall. Ich rufe den Divisionsgefechtsstand der Flak auf dem Zoobunker an. Der hohe Flakturm ist ein ausgezeichneter Beobachtungspunkt. Meine Anfrage ergibt, daß es sich nur um ein Kaliber von 10–12 cm handelt. Die feuernde russische Batterie ist am Morgen bei Marzahn vor Berlin, von der Flak beobachtet, in Stellung gegangen. Entfernung bis zum Stadtkern etwa 12 Kilometer. Die Flakdivision vom Zoobunker hat mit ihren 12,8 cm Doppel-Geschützen Feuer gegen die Batterie bereits aufgenommen, ebenso gegen Panzerbereitstellungen in gleicher Gegend. Hitler nimmt meine fernmündliche Meldung dieses Tatbestandes ungläubig auf. Dabei könnten sich die Herren vom Führerbunker beim Flakturm Zoo schneller als ich erkundigen; es läge nahe, daß sie sich diese Beobachtungsstelle nutzbar machen.

Bald darauf wieder Hitler persönlich am Apparat. Er will genaue Zahlen über den laufenden Flugzeugeinsatz südlich Berlin. Ich erwidere, derartige Anfragen könnten, weil die Nachrichtenverbindungen zur Truppe nicht mehr so einwandfrei funktionierten, nicht auf Anhieb erledigt werden. Man müsse sich mit den laufenden Morgen- und Abendmeldungen, die automatisch eingingen, begnügen; darauf ist er sehr erbost.

Hernach ruft er weiter an und beanstandet, daß die Strahler gestern nicht aus ihren Plätzen bei Prag gekommen sind.

Ich erkläre, daß die Flugplätze dauernd so von feindlichen Jägern zugedeckt waren, daß die eigenen Flugzeuge bei Gefahr, schon beim Start am Boden zerschossen zu werden, nicht aus den Plätzen kommen konnten. Hitler schimpft. »Dann braucht man auch die Strahler nicht mehr, die Luftwaffe ist überflüssig.«

»Bei der ständigen Verengung und Veränderung des Raumes, die Luftwaffe zusammengedrängt in dem kleinen deutschen Verteidigungskessel, geschieht, was möglich ist. Aber irgendwelche durchschlagenden Erfolge gibt es nicht mehr, und die Luftwaffe liegt in wenigen Tagen völlig tot«, antworte ich.

Hitler in seinem Ärger, erwähnt einen Brief des Industriellen Röchling (das muß eine ganz alte Sache sein, ich kenne sie gar nicht), und schreit: »Was der alles schreibt, das genügt mir! Man müßte die ganze Luftwaffenführung sofort aufhängen!«

Abends zwischen 20.30 und 21 Uhr ist er wieder am Telefon: »Der Reichsmarschall unterhält in Karinhall eine Privatarmee. Diese sofort auflösen und einsetzen. Er braucht keine Privatarmee.«

Ich antworte, daß in Karinhall keine Privatarmee, sondern lediglich die Division »Hermann Göring« gewesen sei, die zur Verfügung der örtlichen Frontführung des Heeres gestanden habe, und daß die meisten Kräfte der Division bereits eingesetzt seien. Hitler bestreitet das, er behauptet vielmehr, über die Anwesenheit starker Kräfte in Karinhall genau informiert zu sein.

Meine Nachforschung ergibt, daß sich bis auf ein einziges Bataillon bereits alle Teile der Division im Kampf befinden. Ich melde das Hitler, er befiehlt: »Das Bataillon unverzüglich SS-Obergruppenführer Steiner unterstellen« und bricht das Gespräch ab.

Wie ich noch überlege, was das nun wieder bedeuten soll, ruft Hitler neuerdings an. »Jeder verfügbare Mann der Luftwaffe im Raum zwischen Berlin und der Küste bis nach Stettin und Hamburg ist zu dem von mir befohlenen Angriff im Nordosten von Berlin heranzuziehen.« Auf meine Einwände, daß wir keine kampfgewohnten Truppen stellen könnten, und auf meine Frage, *wo* der Angriff denn sein soll, folgt keine Antwort, er hat bereits eingehängt.

Ich habe keine Ahnung von solch einem geplanten Angriff, bin auch der Meinung, daß unsere Kräfte zu gering, ein Erfolg daher nicht zu erzielen sei.

In einer Reihe von Telefongesprächen versuche ich Klarheit zu gewinnen. So erfahre ich durch Major Freigang vom Stab General Konrad (Division Hermann Göring), Karinhall, daß er gehört habe, daß der Obergruppenführer Steiner einen Angriff führen soll aus dem Raum Eberswalde nach Süden. Bis jetzt soll aber nur Steiner mit einem Offizier in Schönwalde eingetroffen sein. Heeresteile für den Angriff unbekannt.

In eine telefonische Unterredung mit dem Führerbunker, wo ich General Krebs erst 22.30 Uhr erreiche und um genauere Angaben über den geplanten Angriff, zu dem Hitler mich angerufen hatte, bitte, schaltet sich Hitler ein. Plötzlich tönt am Apparat seine erregte Stimme: »Haben Sie noch Zweifel an meinem Befehl? Ich glaube, ich habe mich klar genug ausgedrückt. Alle Kräfte der Luftwaffe im Nordraum, die für den Einsatz auf der Erde verfügbar gemacht werden können, müssen sofort Steiner zugeführt werden. Jeder Kommandeur, der Kräfte zurückhält, hat binnen 5 Stunden sein Leben verwirkt. Das müssen die Kommandeure auch erfahren.

Sie selbst haften mir mit Ihrem Kopf, daß der letzte Mann eingesetzt wird.«

Dann spricht Krebs: »Alles zum Angriff von Eberswalde nach Süden«, und das Gespräch ist zu Ende.

Einzelheiten weiß ich damit immer noch nicht. Weder Versammlungsraum noch genaue Zeit des Angriffes, weder Zubringerstrecke noch andere Details. Auf solche Weise kann man nicht führen.

Ich lasse mich mit dem Chef der Operationsabteilung des Heeres verbinden. Der ist auch noch ohne Kenntnis des Näheren, vermutet Steiner in Oranienburg. Steiner soll ein AOK formieren. Truppen müssen alle erst zugeführt werden. Wenn Verbindung mit Steiner hergestellt und dessen Absichten bekannt sind, soll ich Näheres mitgeteilt erhalten.

Rufe Stab-General Konrad und gebe, da Konrad abwesend, Major Freigang Befehl: Das letzte, noch verfügbare Bataillon Göring dem Obergruppenführer Steiner zuführen und unterstellen.

»Fahren Sie zu Steiner, sagen Sie ihm, daß ich die Kräfte, die die Luftwaffe auf Befehl des Führers zum Erdeinsatz stellen muß, zuführen lasse. Die Kräfte aus dem ostwärtigen Teil des Nordraumes nach Eberswalde, die Kräfte aus dem westlichen Teil nach Schönwalde. Sagen Sie ihm ausdrücklich, daß diese Truppen improvisiert zusammengefaßt, nur mit Handwaffen und wenigen schweren Waffen ausgerüstet sein werden. Zwar gute Leute und von Offizieren geführt, aber ohne Erdkampferfahrung. Das muß Steiner beim Einsatz berücksichtigen. Große Erfolge kann er mit diesen Truppen nicht erzielen. Halten Sie laufend Verbindung zu Steiner und

unterrichten Sie mich in kurzen Abständen über die Entwicklung dort!«
Dann gehen entsprechende Befehle an Luftflotte Reich.
Das Telefon kommt keinen Moment zur Ruhe.
Hitler verlangt Zahlenmeldung über eingesetzte Flugzeuge in der Linie Kottbus–Berlin. Dann wünscht er den Einsatz nur noch in der Durchfahrtslücke südlich Kottbus, fordert Luftversorgung für die deutsche Kampfgruppe Spremberg. Er will Rudel sprechen, der mit seinen Schlachtstaffeln in der Lücke Kottbus eingesetzt werden soll.
General Krebs sucht aus dem Bunker Verbindung zu Himmler, den er nicht erreichen kann. Er teilt mit, daß Hitler nun den Einsatz der Fliegenden Verbände nicht nur in der Lücke Kottbus wünsche, sondern daß alle anderen Ziele genau so zu bekämpfen seien. Weitere Unterrichtung über den befohlenen Angriff Eberswalde kann er nicht geben.
Gespräche nach allen Richtungen. Dabei immer wieder Abänderungen der Anordnungen aus dem Führerbunker. Alle fünf Minuten was Neues! Wie soll da geführt werden, da kann der Satan draus schlau werden.
Endlich Nachricht vom Chef der Operationsabteilung des Heeres (23.05 Uhr): »Gefechtsstand Steiner, der jetzt AOK 11 heißt, Liebenwerda. Zuzuführende Truppen in den Raum Eberswalde und nördlich, solche von Westen in den Raum Liebenwerda. Südwestlich Berlin sollen russische Panzer durchgebrochen sein, daher Aufbau einer Sperrorganisation an der Havel zwischen Oranienburg–Spandau. Eigene, von Westen kommende Trup-

Ausweis
für
Flugzeugf...
Koller Karl
der
K. B. Militär-
Flieger-Schule No 4.
Lager-Lechfeld, 1917
Oblt. u. Abtlg. Führer.
Karl Koller.

Bilder vorherige Seite:

1 Ausweis der Fliegerschule Lager-Lechfeld, 1917 *(oben)*

2 Karl Kollers Kampf-Einsitzer, Frühjahr 1918 *(Mitte)*

3 Karl Koller im motorlosen Flug, Rhön 1921 *(unten)*

4/5 Der große Dienstappell der Stabskompanie, 2.9.1943

pen sind darüber zu unterrichten, um irrtümliche Kämpfe zwischen eigenen Truppen zu vermeiden.«

Major Dickl meldet die Schußzahlen der russischen Artillerie auf Stadtmitte Berlin im Laufe des Tages, die Hitler vom OKL angefordert hat. Der Flakturm hat 500 Schuß der Russen gezählt, hat selbst 400 Schuß abgefeuert gegen die russische Batterie bei Marzahn und Panzerbereitstellungen.

Der Lufttransportchef meldet 23.30 Uhr, daß nicht bekannt ist, wo sich die deutsche Kampfgruppe Spremberg, die luftversorgt werden soll, tatsächlich befindet, die Operationsabteilung des Heeres weiß das nicht. Schon in der vergangenen Nacht, in der wir Versorgung auf Spremberg abgeworfen haben, soll die Gruppe bereits nicht mehr dort gewesen sein. Falls Feststellung des Verbleibs der Gruppe möglich, besteht gemäß fernmündlicher Rücksprache mit Luftflottenkommando 6 Vereinbarung zwischen Heeresgruppe Mitte und Transportfliegerführer Luftflotte 6, die Versorgung aus dem Protektorat durchzuführen.

Kurz darauf bestätigt mir der Chef der Operationsabteilung des Heeres, daß der Verbleib der Gruppe Spremberg nicht bekannt ist. Daher auch keine Luftversorgung möglich, Hitler wird unterrichtet.

Bekomme Befehl, daß ich oder ein Vertreter von mir morgen ab 10 Uhr den ganzen Tag im Führerbunker zu sein haben.

Ich werde zuerst Generalmajor Christian schicken und ihn dann später ablösen; sich im Bunker nur beschimpfen zu lassen, das kann einer allein nicht den ganzen Tag ertragen.

Um 23.50 Uhr wieder Anruf Hitlers. Er fragt nach den Maßnahmen der Luftwaffe für den Angriff Steiner. Ich berichte darüber. Dabei betone ich, daß es ganz kampfungewohnte Truppen sind, weder für Erdkämpfe ausgebildet noch entsprechend ausgerüstet, dazu ohne schwere Waffen. Er hält mir einen kleinen Vortrag über die Lage und schließt wörtlich: »Sie werden sehen, der Russe erleidet die größte Niederlage, die blutigste Niederlage seiner Geschichte vor den Toren der Stadt Berlin.«
Mein Einwurf, daß mir die Lage um Berlin aussichtslos scheint, wird von Hitler übergangen, er wiederholt seine obigen Worte.
Ist so etwas möglich? Glaubt er wirklich noch daran?

22. April: Um 1 Uhr morgens Meldungen über Brennstoffmangel bei fliegenden Verbänden. Brennstoffzüge wurden beim Anrollen auf die Flugplätze wieder einmal von motorisierten SS-Verbänden angehalten und ausgetankt. Dann aber großer Lärm, wenn die fliegenden Verbände, die mit ihrem Brennstoff von der Hand in den Mund leben müssen, zum Einsatz nicht da sind.
Aber so ist es schon in Rußland oft geschehen, warum heute wundern.
An Oberstleutnant Groß ergeht um 1.25 Uhr Befehl: »Flugtransportstaffel OKL Flugplatz Staaken ständig alarmbereit für Verlegung!«
Um 4.15 Uhr teilt mir der Kommandant des Luftwaffenhauptquartiers folgendes mit: »Die Verteidigung von Berlin ist überraschend hinter die Havel zurückgezogen worden, also auf die andere Seite von Potsdam. Unser

Hauptquartier liegt jetzt außerhalb der Verteidigung und allein, es ist nicht mehr gesichert.«

Reizend! Dabei gehen die Russen von Süden gegen Berlin und Potsdam vor, ich aber kann hier mit meinen Leuten nicht fort wegen der Fernsprech- und Funkverbindungen. Mit meinem geringen Personal muß ich trotz des ständig auf Hochtouren laufenden Betriebes auch noch Brücken über die Havel und die Zufahrten nach Wildpark-Werder mit motorisierten Postierungen schützen. An eine wirksame Verteidigung ist dabei natürlich nicht zu denken, es geschieht eigentlich nur, damit uns nicht plötzlich russische Panzer unangemeldet vor der Haustüre stehen. Wenn die Russen drauflosfahren, können sie uns jeden Augenblick auf billige Weise ausheben.

5.30 Uhr, die Nacht ist um. Welch ein Wahnsinn, das alles, und was für ein Schicksal! Jahrelang habe ich mich in einem ewigen, zermürbenden Kleinkrieg gegen Dünkel und Eigensinn, Egoismus und Unvernunft in den eigenen Reihen gewehrt. Umsonst; und was haben wir nun noch vor uns?

Ich bin scheußlich müde. Wenigstens für eine Stunde muß ich Ruhe haben.

8 Uhr: Meldung von Generaloberst Stumpf, daß etwa 12 000 bis 15 000 Mann für den Angriff Steiner an Luftwaffentruppen aufgebracht und auf Kraftwagen zugeführt sind. Bewaffnung mit Handwaffen und MG's. Schwere Waffen fehlen. Ich zweifle, ob Zahlenangaben stimmen und rechtzeitiges Eintreffen der Verbände überhaupt möglich.

10.15 Uhr: Generalmajor Christian meldet sein Eintreffen im Führerbunker der Reichskanzlei.

11 Uhr: Der Kommandant des Hauptquartiers berichtet: »Südlich Potsdam und Wildpark-Werder noch alles ruhig.« Demnach haben wir noch etwas Frist, bis uns die Russen vereinnahmen.
12.30 Uhr: Russische Kräfte sollen auf Brandenburg an der Havel vorstoßen. Ob sich dort Kämpfe entwickelt haben, muß erst nachgeprüft werden.
13 Uhr: Christian läßt aus dem Führerbunker bestellen, heute abend sei für uns voraussichtlich größere Bewegungsfreiheit zu erwarten.
Daraufhin ordne ich Abmarsch- und Verlegebereitschaft des Stabes an. Kraftwagen vor den Türen fahrbereit, alle Offiziere in ihren Diensträumen am Telefon, laufende Arbeit inzwischen weiterführen.
Anfrage (von Below) aus dem Führerbunker, ob ich nicht weiß, was mit dem Angriff Steiner sei. Ich verneine; sofortige Nachforschungen ergeben, daß Steiner mit seinen Vorbereitungen noch nicht fertig ist.
Christian am Apparat. Hitler lasse fragen, ob ich Nachricht vom Angriff Steiner hätte. Ich teile den Inhalt der eben erhaltenen Auskunft mit. Kurz danach erneut Christian, Heer habe gemeldet, daß Truppen Steiners angetreten seien. Meine Meldung müsse falsch sein, Hitler verlange Aufklärung. Gebe die Quellen meiner Unterrichtung bekannt; sie sind einwandfrei.
Wiederum Anruf aus Führerbunker. Heiliger Bimbam, ich kann den Leuten nicht helfen! Ich erwische statt Steiner, Konrad und Freigang, die ich suche, am Telefon einen Hauptmann der Division Hermann Göring, der soeben bei einem Bataillon war, das am Angriff teilnehmen soll. Er sagt mir, der Angriff habe noch nicht

begonnen, wann er beginnen soll, das weiß er nicht. Neuerdings Christian. Auch das Heer meldet jetzt, daß Angriff Steiner nicht angetreten sei. Im Führerbunker große Aufregung. Hitler habe Angriff am Morgen, spätestens am Vormittag erwartet: er wolle sofort Klarheit.
Ich sage: »Nach allen Nachrichten, die ich von der Division Göring habe, ist Steiner nicht angetreten.«
Nach kurzer Frist wieder Christian. Himmler habe Hitler jetzt gemeldet, daß der Angriff Steiner ganz sicher angetreten sei. Die Luftwaffe soll durch Luftaufklärung sofort feststellen, ob das wirklich der Fall.
Welche Idee! Erreichte Ziele kann man ausmachen, aber kaum so ein Antreten in Rauch und Dunst ohne genaue Kenntnis der Bereitstellungsräume und Angriffsstreifen. Außerdem geht es auf der Erde viel schneller, festzustellen, ob Steiner denn das Antreten überhaupt schon befohlen hat.
Rufe Karinhall, Division Göring. Nach einigen Versuchen kommt die Vermittlung durch. Major Freigang, soeben von Steiner zurückgekommen, meldet mir: »Angriff Steiner nicht angetreten, weil Steiner seine Truppen nicht rechtzeitig bereitstellen konnte. Luftwaffenteile sind eingetroffen, aber die Teile von Heer und SS noch nicht herangekommen. Erst um 21 Uhr soll ein Angriff beginnen, jedoch auch erst ein den Hauptangriff vorbereitender Teilangriff. Hauptangriff soll erst morgen sein.«
Ich versichere mich durch Rückfragen von der Richtigkeit dieser Meldung.
Dann rufe ich Christian an, unterrichte ihn von diesem Ergebnis zur Meldung an Hitler und füge hinzu:

»Die Meldung von Freigang ist bestimmt zutreffend, er hat bisher nur einwandfreie Meldungen abgegeben.«
Ich weiß, Hitler wird rasen. Jetzt ist es aus!
Um 18.15 Uhr rufe ich Christian wieder im Führerbunker an, teile ihm mit, daß ich ihn jetzt ablösen werde. Bisher konnte ich keine Minute von hier fort. Christian erwidert mir jedoch, es sei nicht mehr nötig, er sagt: »Historische Ereignisse gehen vor, die entscheidenden des Krieges überhaupt. Ich kann gleich hier weg und komme sofort zu Ihnen. Ich muß Ihnen eine sehr wichtige Meldung machen.«
Nach anderthalb Stunden ist Christian aber noch nicht bei mir. Vom Führerbunker erfahre ich, daß er von dort abgefahren ist.
20.45 Uhr: Christian ist bei mir eingetroffen. Sein Bericht und seine Meldung: »Der Führer ist zusammengebrochen, er sieht den Kampf nun als aussichtslos an. Er will aber aus Berlin nicht heraus, sondern im Bunker bleiben und Berlin verteidigen. Wenn die Russen kommen, will er die Konsequenz ziehen und sich erschießen. Keitel, Jodl, Bormann, Dönitz, Himmler, die beiden letzteren fernmündlich, haben versucht, ihn umzustimmen und zu bewegen, aus Berlin herauszugehen, weil man dort doch nicht mehr führen könnte. Das war alles vergeblich. Der Führer hat seine Akten, Dokumente und Papiere aus seinen Räumen zum Verbrennen auf den Hof hinausbringen lassen. Das geschieht jetzt gerade. Der Außenminister ist auch erschienen, aber Hitler wollte ihn nicht sehen. Er hat sich Goebbels, dessen Frau und die 6 Kinder bestellt, die sitzen nun alle mit ihm im Bunker.«

Wozu das? frage ich. Christian antwortet: »Die Kinder werden sie töten und die Erwachsenen werden Selbstmord begehen.«

»Wie«, frage ich, »stellt man sich denn das Weitere vor? Was machen die Oberkommandos?« – »Der Führer hat gesagt«, gibt Christian zur Auskunft, »er bleibe da, die andern sollen herausgehen aus Berlin, können alle hingehen, wohin sie wollen. Nun will das OKW, Keitel und Jodl, die Führung an sich nehmen, die Truppen an der Elbe herumdrehen und sie gegen den Osten werfen. Das OKW geht aus Berlin heraus, versammelt sich heute Nacht in Krampnitz.« Er fügt hinzu: »Mir ist heute in meinem Innern so viel zerbrochen, daß ich es noch gar nicht fassen kann. Die Stimmung in dem Bunker ist erschütternd, ich kann den Eindruck nicht wiedergeben. Und da trinken sich die kleinen Leute in der Umgebung des Führers nun Mut an, auch die Frauen und Mädchen.«

Meine Frage, ob noch Befehle für die Luftwaffe gegeben worden seien, verneint Christian.

Ich muß volle Klarheit über die Vorgänge und die Absichten des OKW haben, um zu entscheiden, ob ich selbständig handeln kann und beschließe, mit Jodl zu sprechen. Mit Christian unterhalte ich mich über die Folgen von Hitlers Entschluß. Er bedeutet praktisch Ausfall der gesamten Reichsregierung, Wegfall der obersten militärischen Führung. Zu frühes Durchsickern dieses Entschlusses kann gefährliche Rückwirkungen an allen Fronten bringen und ein Chaos heraufbeschwören.

Ich sage Christian: »Hitler hat uns in das größte Unglück

gebracht, und nun läßt er uns alle sitzen, das ganze Volk läßt er im Stich.«

Als ihm gemeldet wurde, daß sich ein Direktor von Leuna mit seiner Frau in die Luft gesprengt hat und der Oberbürgermeister von Leipzig mit seiner Familie Selbstmord beging (beides beim Einrücken feindlicher Truppen in diese Orte), hat er zornig geäußert ›Sinnlos! Das ist nur ein feiges Drücken vor der Verantwortung. Ich will solche Sachen nicht mehr hören.‹ Jetzt tut er genau dasselbe.

Jetzt wäre es seine Pflicht, einen Vertreter in der Reichsführung zu bestellen, der vorläufig die Geschäfte weiterführen kann, und zu seinen Feinden zu gehen, braucht nicht zu den Russen zu sein, sondern zu den westlichen Gegnern, und sich zu stellen: ›Hier stehe ich, ich kann nicht anders. Ich stehe für mein Volk. Was geschehen ist, habe ich befohlen.‹ Das wäre besser und größer, als sich im Bunker einzuschließen. Was er jetzt tut, ist der größte Verrat aller Zeiten, der dem deutschen Volke je geschehen ist.«

Um 21.20 Uhr spreche ich mit dem Führerbunker, erreiche Below: Frage, ob die Situation so, wie Christian sie mir geschildert hat. »Bleibt er – Sie wissen, wer gemeint ist – dort?«

Below: »Ja, Situation unverändert.«

»Befehle für die Luftwaffe?«, frage ich.

Below: »Keine Befehle.«

Ich weise darauf hin, ich müsse aus Werder heraus, das von den Russen bedroht sei und frage, ob der Entschluß Hitlers sich nochmals ändern könne?

Below: »Nein, damit ist nicht zu rechnen.«

Mittlerweile habe ich bereits ein Gespräch zu Göring angemeldet. Tatsächlich kommt es über eine Richtverbindung über den Thüringer Wald zustande. Am Telefon ist Brauchitsch, die Verständigung schlecht. Ich muß mich außerdem auf knappe Andeutungen beschränken.
»Der, zu dem wir immer hingehen müssen«, sage ich, »will da nicht heraus. (Brauchitsch hat sofort begriffen.) Ich muß hier weg.«
»Göring will«, übermittelt er mir, »Sie sollen nach hier kommen« (Berchtesgaden).
»Erst muß ich mit Jodl sprechen«, sagte ich; ehe Brauchitsch antworten kann, ist die Verbindung unterbrochen.
Seit 20.55 Uhr versucht eine Vermittlung, das OKW zu erreichen. An keiner Stelle, weder Berlin-Mitte noch Dahlem noch Zossen noch Krampnitz weiß man Bescheid, man kriegt nur ahnungslose Vermittlungen an den Apparat. Daher fahre ich nun persönlich während eines Luftangriffes nach Krampnitz. Ein Kradfahrer begleitet mich; im Wagen mit mir ein Oberstleutnant. Trotz des Alarmes benutze ich zur Beschleunigung volles Licht. Wir werden deshalb zweimal von Posten beschossen.
Ich finde Jodl nach längerem Suchen im Block 7 Zimmer 103 der Kaserne Krampnitz. In dem kleinen, nüchternen Zimmer, wo er gerade bei der Befehlsausgabe an Offiziere seines Stabes und des OKH ist, stehen auf den Tischen neben Karten und Papieren ein paar Flaschen Rotwein und Gläser, Reste einer flüchtigen Stärkung.
Jodl und ich gehen in ein Nebengemach, da ich ihn um eine Aussprache unter vier Augen gebeten habe.

23. April: Meine Unterredung mit Jodl währt von 0.15 Uhr bis 1 Uhr. Jodl erklärt mir, nach Bekanntgabe der Meldung von Christian an mich, wörtlich:
»Was Christian gemeldet hat, ist richtig. Hitler hat aufgegeben, den Entschluß gefaßt, in Berlin zu bleiben, dort die Verteidigung zu leiten und sich im letzten Augenblick zu erschießen. Er hat gesagt, kämpfen könnte er nicht aus körperlichen Gründen, kämpfen würde er persönlich auch nicht, weil er nicht Gefahr laufen könne, vielleicht verwundet in Feindeshand zu fallen. Wir haben alle nachdrücklich versucht, ihn davon abzubringen, und vorgeschlagen, die Truppen vom Westen nach dem Osten zum Kampf einzusetzen. Dazu hat er gesagt, daß doch alles auseinanderginge, er könnte das nicht, das solle dann der Reichsmarschall machen. Auf eine Bemerkung aus dem Kreise, daß kein Soldat mit dem Reichsmarschall kämpfen würde, hat Hitler gesagt: ›Was heißt: Kämpfen!, da ist nicht mehr viel zu kämpfen, und wenn's aufs Verhandeln ankommt, das kann der Reichsmarschall besser als ich!‹ Die letzte Entwicklung der Lage hat ihn stark beeindruckt, er spricht überall von Verrat und Versagen, Korruption in der Führung und bei der Truppe. Auch die SS lüge ihn jetzt an, der Sepp Dietrich; Steiner ist nicht angetreten, und das hat ihm den Rest gegeben.«
Ich frage: »Was soll nun geschehen? Besteht Möglichkeit, daß Hitler seinen Entschluß noch mal ändern wird?«
Jodl: »Damit ist nicht zu rechnen. Er hat sich so festgelegt und ist darin so stur, daß eine Änderung seines Entschlusses nicht mehr in Frage kommt. Hitler sagt: »Die Truppen kämpfen nicht, die Panzersperren in Berlin

sind auf.‹ Er ist sich wohl auch darüber klar, daß wir in ganz kurzer Zeit keine Munition mehr haben, auch keinen Brennstoff. Er hat das wohl schon länger gesehen, aber vor uns nicht gezeigt. An seinem Geburtstag hat er mir noch gesagt, daß wir kämpfen wollen bis zum letzten. Er hat sich ja auch immer von Gegenangriffen viel größere Erfolge versprochen, als sie mit unseren schwachen Kräften je zu erreichen waren.«

Ich wiederhole: »Was soll nun geschehen? Was wird das OKW tun?«

Jodl erwidert: »OKW sammelt hier in Krampnitz, später Ausweichen nach Norden. Wir werden die 12. Armee gegen Osten zum Angriff gegen die linke Flanke der 3. russischen Panzerarmee herumdrehen, ganz gleichgültig, was der Amerikaner daraufhin an der Elbe unternimmt. Vielleicht ist es möglich, den anderen durch eine solche Tat zu beweisen, daß wir nur gegen die Sowjets kämpfen wollen. Keitel ist unterwegs zu Wenk, um das Notwendige zu veranlassen. Inzwischen ist der Feind auch bei Vietinghoff durchgebrochen. Ich habe, falls der Durchbruch nicht aufgehalten werden kann, die Zurücknahme der italienischen Front hinter Tessin und Po befohlen, ohne dem Führer davon zu sagen. Es muß ja gehandelt und befohlen werden.«

Wenn die Westfront nach dem Osten herumgeworfen werden soll, müsse – so betone ich – unverzüglich mit dem Westgegner verhandelt werden. Sonst rückt der Westgegner nach, überrollt Stäbe und Nachschubdienste, Führung wird unmöglich gemacht und die Truppe in der doppelgriffigen Zange vernichtet. Ohne Verhandlung mit den Westgegnern ist der Plan undurchführbar.

Für die Luftwaffe ist es unmöglich, unter einfacher Ignorierung des Westens nur nach Osten zu kämpfen, wenn der Westgegner weiter in der Luft angreift. Und noch weniger möglich ist es, in dem engen Nordraum nur gegen Osten, im Südteil aber Kampf gegen Ost und West zu führen. Der Luftraum läßt sich nicht teilen oder durch eine Mauer abriegeln.
Wird die Westfront nach Osten gedreht, muß das auf der ganzen Front von der Nordsee bis zu den Alpen geschehen bei gleichzeitiger Verhandlung mit dem Westen.
Jodl bleibt dabei, daß zunächst nur im Norden nach Osten herumgedreht werden soll und daß abzuwarten sei, was daraufhin die Amerikaner tun werden.
(Immer wird auf etwas »gewartet«. Der ganze Krieg besteht aus fortlaufenden Kapiteln »zu spät«.)
Ich entwickle, daß ich aus Werder heraus muß, im Norden aber kaum noch Nachrichtenverbindungen und somit Führungsmöglichkeiten habe. Überdies müsse ich Göring über die Situation unterrichten. Ich werde daher mit dem Reststab OKL noch in dieser Nacht nach Süden fliegen, Christian werde ich mit mehreren Generalstabsoffizieren als Verbindungskommando zum OKW zurücklassen.
Jodl: »Damit bin ich einverstanden, das ist richtig und das einzige, was Sie im Augenblick tun können. Sie müssen es sogar tun.«
Wir besprechen noch Details.
Zusammenfassung der Teile des Stabes OKW im Süden und gemeinsames Verhalten zwischen Heeresverbänden und Luftwaffe.
Nach Schluß der Unterredung gebe ich um 1 Uhr noch

von Krampnitz aus durch den Kradfahrer und auch fernmündlich Abmarschbefehl nach Wildpark-Werder. Zum Start der Maschinen muß der Flugplatz Gatow gewählt werden, wohin inzwischen die Transportstaffel verlegt wurde, da einzelnes russisches Artilleriefeuer auf Flugplatz Staaken gemeldet worden war.
Wieder zurück ins Hauptquartier, wo ich Christian und Oberst v. Dawans über mein Gespräch mit Jodl und meine Absicht informiere. Oberst v. Dawans, der ebenfalls, aber in einem anderen Flugzeug als ich, nach Süddeutschland fliegt, wird genau informiert und beauftragt, Göring zu melden, falls ich selbst aus irgendeinem Grunde unterwegs ausfallen sollte.
Oberst v. Below im Führerbunker unterrichte ich, daß Unterredung mit Jodl stattgefunden und daß ich abfliege zu Göring.
Kurz vor 3 Uhr, und als ich gerade nach Gatow will, erhalte ich die Nachricht, daß die Russen in Berlin bis zum Alexanderplatz durchgebrochen sein sollen.
In Gatow stehen 15 Transportflugzeuge, Ju 52, startbereit. Staffelkapitän Groß ist beim Verladen. Das Wetter ist leicht regnerisch, aufgerissene Wolkendecke in 1500 m Höhe. Durch die Flugleitung wird mir mitgeteilt, es sei nach mir angerufen. Der Durchbruch der Russen bis zum Alexanderplatz habe sich nicht bestätigt.
Um 3.30 Uhr starte ich mit meiner He 111. Unter mir sehe ich nochmals das Haus, in dem ich 1937 in Gatow wohnte. Dort haben wir damals glückliche und schöne Tage verlebt. Über Berlin und Umgebung sieht man überall große Brände und Feuerschein. Dazwischen das Aufblitzen von Geschützen.

Auch als wir nach Süden abbiegen, erkennt man immer wieder über das Land verstreut Brände. Über der Elbe begrüßt uns schweres Flakfeuer, was uns aber nicht stört. Ob es Russen oder Amerikaner sind?

Dann müssen wir wegen der Mittelgebirge höher. Wir fliegen jetzt in 1500–1700 m. Unter uns eine weiße, geschlossene Wolkendecke, über uns glänzt ein strahlender Mond. Es ist fast taghell, man kann ohne Licht schreiben und lesen. Nachtjagd-Funkverkehr! Tommy?

Bayern ist nebelig verhängt, schlechtes Bodenwetter, tiefhängende Wolken. Der Flugplatz Ainring ist infolgedessen nicht landeklar. Wir wenden uns nach Neubiberg.

Berchtesgaden: Görings sogenannter Verrat – Von der SS verhaftet

23. April: Auf der Flugleitung in Neubiberg sitzt der dicke Morell, Hitlers Leibarzt. Er ist mit der Führerkuriermaschine aus Berlin gekommen, mit ihm 8 Frauen und 7 Kinder; die Babys schreien im Nebenraum. Morell will nach München, er habe dort einen wichtigen Auftrag Hitlers zu erledigen. Ich soll ihm zu einem Kraftwagen verhelfen; dabei ist für mich selbst, da mein Eintreffen überraschend erfolgt ist, nur ein Holzgaser von der Wetterwarte vorhanden.
Bei den Meteorologen kann ich etwas zu essen erhalten, inzwischen telefoniere ich mit dem Vorkommando des OKL in Berchtesgaden, Oberst v. Greif. Dann fahre ich mit dem Holzgaser los nach Glonn.
Dort finde ich meinen eigenen Kraftwagen vor, und da ich keine Zeit zu einem Aufenthalt habe, nehme ich meine Frau, die in Glonn ist, nach Berchtesgaden mit. Ich muß ihr unbedingt für sich und die Kinder Verhaltungsmaßregeln geben. Morgen soll sie dann wieder nach Glonn zurück.
Unterwegs habe ich aber wegen der Anwesenheit des Kraftfahrers keine Möglichkeit zu einer Aussprache. Die Ereignisse in Berlin müssen vor der Öffentlichkeit noch geheim bleiben.

In Berchtesgaden lade ich meine Frau im Haus Geiger, wo auch mein Gefechtsstand eingerichtet ist, ab und fahre zum Reichsmarschall auf den Berg. Ich bin gegen 12 Uhr da.
Auf dem Obersalzberg bei Göring treffe ich außer dem Chefadjutanten von Brauchitsch noch den Reichsleiter Bouhler. Ich bemerke, daß ich ganz entscheidende Meldungen überbrächte, Göring sagt aber: »Der Bouhler kann ruhig hierbleiben, er kann alles hören.«
Ich referiere, und zwar den Bericht von Christian und wortgetreu die Unterredung mit Jodl. Göring scheint betroffen, doch habe ich den Eindruck, daß er ähnliches erwartet hat. Er und Bouhler äußern sich sehr heftig gegen Hitler. Sie bezeichnen sein Verhalten als eine »abgrundtiefe Gemeinheit«. Besonders Bouhler ergeht sich in sehr heftigen Ausdrücken.
Göring fühlt sich in einer sehr schwierigen Lage, er überlegt, was zu tun sei und vor allem, was er jetzt tun müsse. Er bittet mich um eine genaue Schilderung der militärischen Situation in und um Berlin, überhaupt im Norden. Ich trage den Tatbestand an Hand von Karten vor.
Göring will darauf wissen, ob Hitler noch lebt, ob er seinen Entschluß nochmals ändern könnte und ob er nicht inzwischen Bormann zu seinem Nachfolger bestimmt hätte. Ich erwidere:
»Bei meinem Start in Berlin hat Hitler noch gelebt. Es bestand auch noch auf der Erde Verbindung über Potsdam auf der Avus und über die Heerstraße nach Berlin. In der Stadt sollte der Russe bis zum Alexanderplatz vorgedrungen sein, doch wurde diese Nachricht

kurz danach widerrufen. Inzwischen sind aber rund 10 Stunden vergangen, in denen Verschiedenes passiert sein kann. Ich rechne persönlich nicht damit, daß Berlin so schnell fällt, es wird sich bis zum Ende etwa 7–8 Tage halten. Doch muß man auf eine rasche Sperrung der letzten Zufahrten über die Avus und Heerstraße gefaßt sein. Ich bin aber nicht der Ansicht, daß diese Zufahrten bereits jetzt geschlossen sind. Möglich ist jedoch, daß Hitler auf Grund einer Tartaren-Post, wie sie in solchen Lagen immer einmal entstehen, bezüglich seines Lebens einen voreiligen Entschluß trifft, so daß ich darüber, ob er im Augenblick wirklich noch lebt, keine bindende Auskunft geben kann. Ganz ausgeschlossen ist es auch nicht, daß er seinen Entschluß wieder ändert, er hat schon oft derartige Plötzlichkeiten gezeigt.
Dennoch ist es an Ihnen, Herr Reichsmarschall, nun zu handeln. Durch seine Entscheidung von gestern nachmittag hat sich Hitler zum Kommandanten von Berlin gemacht und sich damit von der Staatsführung wie von der obersten Führung der Wehrmacht praktisch selbst ausgeschaltet.

Bouhler unterstützt diese Auffassung. Göring teilt gleichfalls die Meinung, ist aber trotzdem voller Bedenken. Seine größte Sorge ist dabei, daß Hitler bei ihrem schon lange bestehenden gespannten Verhältnis Bormann zu seinem Stellvertreter oder Nachfolger erklärt haben könnte. »Bormann ist mein Todfeind«, sagt Göring. »Der wartet nur drauf, mich umzulegen. Handle ich jetzt, stempelt man mich zum Verräter, handle ich nicht, macht man mir den Vorwurf, daß ich in den schwersten Stunden versagt habe.«

Er holt aus einer Stahlkassette das Gesetz vom 29. Juni 1941 und liest uns den Text vor. Ich habe vor Jahren bei der damaligen Veröffentlichung von dem Gesetz gehört, doch ist mir sein Inhalt nicht mehr so genau im Bewußtsein. Nun vernehme ich ihn, der wichtigste Satz lautet etwa:
»Wenn ich in meiner Handlungsfreiheit beschränkt sein oder durch irgendwelche Ereignisse ausfallen sollte, so ist der Reichsmarschall Hermann Göring mein Stellvertreter bzw. Nachfolger in allen Ämtern von Staat, Partei und Wehrmacht.«
Wir sind alle drei des Glaubens, daß damit die Sache eigentlich eindeutig geklärt ist. Göring hat immer noch die Befürchtung, daß Hitler mittlerweile anders bestimmt haben könnte. Unterdessen hat er den Reichsminister Lammers (Chef der Präsidialkanzlei), der in Berchtesgaden weilt, zu sich bestellt. Lammers trifft jetzt ein und wird unterrichtet. Die Debatte beginnt neuerdings, das Gesetz wird wieder gelesen. Auf ausdrückliche Befragung Görings bestätigt nun Lammers:
»Das Gesetz vom 29. 6. 1941 ist voll in Kraft und rechtmäßig, einer neuen Veröffentlichung bedarf es nicht mehr. Das Gesetz ist voll gültig. Der Führer hat nichts anderes bestimmt. Wenn er etwas anderes bestimmt hätte, müßte ich das wissen. Ohne mich hätte er das nicht rechtskräftig durchführen können.«
Göring hat aber weiterhin Besorgnis, er meint, daß er nur dann selbständig handeln könne, wenn zu Hitler tatsächlich keine Verbindung herzustellen sei.
Die Zeit drängt, es muß etwas geschehen. Ich schlage daher Göring folgendes vor: »Wenn Sie ganz sicher

gehen wollen, schicken Sie Hitler einen Funkspruch und stellen Sie ihm die klare Frage. Eine Frage kann er nicht übelnehmen, er hat Sie ja selbst in diese Situation gebracht.«

Göring greift das sofort auf; auch die Anwesenden sind dafür. Göring diktiert daraufhin selbst einen langen Funkspruch, etwas schwülstig und mit vielen Beteuerungen. Um abgesetzt werden zu können, wird er zu umfangreich.

Ich unterbreche daher und weise darauf hin, daß unter den gegenwärtigen Umständen nur ein kurzer und prägnanter Funkspruch durchkommen könnte. Göring beauftragt Brauchitsch und mich, gleich je einen Entwurf zu machen. Der Text, den ich niederschreibe, lautet: »Mein Führer, sind Sie einverstanden, daß ich nach Ihrem Entschluß, in Berlin zu bleiben und Berlin zu verteidigen, auf Grund des Gesetzes vom 29. 6. 1941 nunmehr die Gesamtführung des Reiches übernehme?« Göring verlangt, daß ich hinzufüge: »Mit allen Vollmachten nach innen und außen.«

Wir müssen außerdem, überlege ich mir, die Antwort an eine Zeitbegrenzung binden, da die militärische Entwicklung das dringend erfordert und wir einen Zeitpunkt brauchen, von dem ab Göring auf jeden Fall selbständig handeln kann. Ich berechne kurz, was für Verschlüsseln und Absetzen hier, für Entschlüsseln in Berlin, Hitlers Entscheidung, Rückantwort, Verschlüsseln und wieder Dechiffrieren bei uns gebraucht wird und komme mit berücksichtigtem Saustallkoeffizienten auf spätestens 22 Uhr. Infolgedessen endet der obige Spruch jetzt mit dem Satz: »Wenn ich bis 22 Uhr keine

Antwort erhalte, nehme ich an, daß Sie Ihrer Handlungsfreiheit beraubt sind und werde ich nach eigenem Ermessen handeln.«
Göring fügt noch einen Zusatz an. Dieser lautet etwa: »Was ich in dieser schwersten Stunde meines Lebens empfinde, kann ich nicht aussprechen. Der Herrgott schütze Sie, und ich hoffe, daß Sie doch noch aus Berlin hierherkommen.«
Der Spruch wird durch die Funkstellen des OKL, die eigens dazu mit einem Generalstabsmajor besetzt wurden, an den Bunker der Reichskanzlei abgesetzt.
Göring ordnet weitere Übermittlungen an. Für Oberst v. Below »Aufforderung dafür zu sorgen, daß der Spruch des Reichsmarschalls an den Führer zu diesem Wortlaut vorgelegt werde und dahin zu wirken, daß der Führer aus Berlin herauskomme.« Ferner an Keitel und Ribbentrop: »Wenn Sie keinen anderen Befehl vom Führer oder vom Reichsmarschall bekommen, haben Sie am nächsten Tag (24. 4.) beim Reichsmarschall zu sein.« An Bormann »Mitteilung darüber, daß der Reichsmarschall dem Führer einen Funkspruch geschickt habe. Bitte um Einflußnahme auf den Führer, aus Berlin herauszukommen.«
Göring ist immer noch über etwaige Teufeleien von Bormann beunruhigt. Er hat sich einen auf dem Obersalzberg anwesenden persönlichen Referenten von Bormann (Senatspräsident Müller) bestellt und will mit ihm sprechen. Bouhler und Brauchitsch, die diesen Mann kennen, warnen Göring vor ihm, bezeichnen ihn als »roten Fuchs und sehr gefährlich«.
Ich sehe den Mann zum erstenmal, verhehle aber eben-

falls meine Bedenken nicht. Vor allem im Hinblick darauf, daß bisher nur ein ganz kleiner Kreis über die Vorgänge in Berlin unterrichtet ist. Sie müssen im Moment noch geheimgehalten werden, sonst sind die Auswirkungen nicht abzuschätzen.

Lammers und Brauchitsch werden entlassen, Göring, Bouhler und ich unterreden uns weiter bei einem schnellen, verspäteten Mittagessen.

Für den Fall einer zusagenden Antwort Hitlers oder auch des Ausbleibens jeder Antwort sind die künftigen Maßnahmen zu besprechen.

Göring ist entschlossen, in diesen beiden Fällen schnell und mit Nachdruck zu handeln. Er werde gegenüber den Russen nicht kapitulieren, sofort aber gegenüber den Westmächten und wolle daher morgen (24. 4.) unverzüglich zu General Eisenhower fliegen. Er glaubt, dabei in einer Aussprache von Mann zu Mann rasch zu einem Einvernehmen zu kommen und beauftragt mich, alle Vorbereitungen dahin zu treffen, daß der Flug kurzfristig durchgeführt werden kann.

Ganz anders wie Hitler ist Göring bereit, sich persönlich einzusetzen. Er will, daß ich einen Aufruf an die Wehrmacht und an das deutsche Volk verfasse. Als Direktive: »Die Russen müssen nach diesem Aufruf glauben, daß wir den Kampf gegen Ost und West unverändert fortsetzen, die Amerikaner und Engländer aber müssen daraus lesen können, daß wir nicht mehr daran denken, den Kampf im Westen weiterzuführen, sondern nur gegen die Sowjets. Und unsere Soldaten müssen entnehmen, daß der Krieg weitergeht, aber gleichzeitig das Gefühl

bekommen, es geht doch irgendwie zu Ende und mit für uns günstigeren Aussichten als bisher.«
Ich sage: »Das mag alles sehr schön und richtig sein. Diese Gedanken jedoch so kunstvoll zu fassen, das ist ein diplomatisches Meisterstück, das ich wohl nicht fertig brächte.«
Darauf Göring: »Ich habe sonst niemanden, Sie müssen das schon versuchen, Koller.«
Er spricht dann über eine sofortige Umbildung des Reichskabinetts, in erster Linie über den Ersatz von Ribbentrop. Er meint, er würde das Außenministerium am liebsten selbst übernehmen; könne das aber bei den übrigen, großen, ihm zufallenden Aufgaben nicht.
Jetzt, nachdem die Würfel mehr oder weniger gefallen sind, ist Göring sehr frisch und tatendurstig. Geradezu, als ob ein schwerer Druck von ihm gewichen wäre. Er freut sich richtig darauf, mit den Amerikanern in Verbindung zu treten und betont immer wieder, daß er mit den Amerikanern und Engländern bestimmt gut zusammenarbeiten könnte.
Früher habe ich ihn, wenn er in einer Sache Hitler vergeblich opponiert hatte und dann in seiner Scheu vor ihm dessen Worte und Ausführungen hernach mit dem Brustton der Überzeugung als seine eigene Auffassung vertrat, oft die »Stimme seines Herrn« (nach der bekannten Reklame des Hundes vor dem Grammophontrichter) genannt. Nun ist er irgendwie anders geworden. Beim Essen strahlt er und freut sich auf neue Aufgaben. Wir sprechen noch davon, daß er sich isoliert auf dem Berg befinde, inmitten von SS und keinen Schutz habe. Es gerät uns aber gar nicht in den Sinn, daß besondere

Maßnahmen in dieser Hinsicht notwendig sein könnten. Beim Abschied sagt er mir, daß ich Berchtesgaden auf keinen Fall verlassen möge, auch müßte ich wenigstens 1–2 Stunden schlafen, nachdem ich 3 Nächte so gut wie gar nicht dazu gekommen sei. Nach einigen Stunden würde er mich wieder brauchen.

Nach 17 Uhr kehre ich in meinen Gefechtsstand im Haus Geiger zurück. Ich bestelle mir aus dem jetzigen OKL-Hauptquartier Strubb den Chef des Führungsstabes, General Schulz und dazu Oberst v. Greif, die ich über die gesamten Vorgänge informiere. Das ist erforderlich, damit sie bei einer Verhinderung meinerseits sinngemäß handeln können. Ich beauftrage Greif mit dem Verfassen eines Aufrufes an die Wehrmacht und das deutsche Volk. Ich selber werde ebensolche Entwürfe fertigen.

Bevor ich mich niederlegen kann, wird bereits wieder angerufen. Göring verlangt Truppen zur Verstärkung des Schutzes von Berchtesgaden. Gut!, wird gemacht.

Wieder Telefon; diesmal aus dem Hauptquartier Kesselring. Göring will, daß die Autobahnbrücken über Mangfall und Leitzachtal gesprengt werden. Feldmarschall *Kesselring* sträubt sich dagegen, er läßt anfragen, wie ich darüber denke. Ich antworte: »Unsinn! Nicht sprengen, was soll denn das dumme Zeug. Werde das bei Göring in Ordnung bringen.«

Zwischen anderen Gesprächen versuche ich mich an den Aufrufen. Ich muß dann aber doch für eine Stunde eingenickt sein.

Um 20 Uhr geht der Zauber wieder los. Dauernd Anrufe. Göring wünscht einen Generalstabsoffizier. Oberst Wol-

ter wird von Schulz auf den Berg geschickt. Göring will ihn zum Vortrag seiner Auffassung bei Hitler und OKW nach dem Norden schicken.
Bald danach ist General Schulz persönlich am Apparat. Er meldet: »Keine Fernsprechverbindung mehr mit dem Reichsmarschall auf dem Berghof.« Versuche in dieser Richtung bleiben ohne Erfolg. Auch Oberst Wolter kehrt nicht wieder zurück.
Immerhin kann die Leitung vielleicht nur gestört sein. Ich entsende einen Nachrichtenoffizier mit Störungssucher. Schulz meint zwar, es liege nicht an der Drahtverbindung, da stimme sonst etwas nicht.
Er berichtet ein wenig später, »Admiral v. Puttkamer hat vom Berg angerufen, daß er Brauchitsch nicht sprechen kann und auch nicht zu ihm hingehen könnte. Den Grund könne er nicht sagen. Wir möchten einen Kraftwagen hinaufschicken.« »Nein«, sage ich, »wir schicken niemanden mehr. Der Nachrichtenoffizier ist auch nicht zurückgekommen. Da oben stimmt tatsächlich etwas nicht, obwohl ich das Ganze nicht begreife. Außergewöhnliche Maßnahmen – ja, aber von wem und warum? Ich sehe keinen Anlaß dazu. Wir können im Augenblick nur abwarten, das Ganze muß sich in Kürze aufklären.«
Gegen 21 Uhr wird mir ein von Hitler eingegangener Funkspruch vorgelegt. Er ist an Göring gerichtet, gleichzeitig aber auch an meine Dienststelle abgesetzt. Sein Inhalt lautet: »Zeitpunkt für Inkrafttreten des Gesetzes vom 29.6. werde ich selbst bestimmen. Meiner Handlungsfreiheit nicht beraubt, verbiete ich jeden Schritt in der von Ihnen angedeuteten Richtung.«
Das ist ziemlich ruppig und unfreundlich. Entweder hat

6/7/8 Als Chef des Generalstabs der Luftflotte 3 in Frankreich, 1941–1943 *(Bilder von oben nach unten)*

9 Probefahrt des Seenotdienstes in Meulan, Februar 1941 *(unten rechts)*

10 Große Konferenz im Palais du Luxembourg *(oben)*

11 Mit Göring, Sperrle und Jeschonnek im Palais du Luxembourg *(unten)*

Hitler den Ernst der Lage und das für das gesamte Volk Verderbliche seines Handelns immer noch nicht erkannt, oder der Funkspruch ist ein Erzeugnis Bormanns. Göring kann nun nichts unternehmen, es sei denn, er brauche Gewalt. Er ist auf dem Obersalzberg immer noch nicht zu erreichen.
Erneuter Anruf aus dem Stab Ober-West, in ihm wieder Erwähnung der Sprengung der Autobahnbrücken; Kesselring halte das für verfrüht. Ich sage: »Richtig, nicht nur verfrüht, sondern überhaupt nicht sprengen. Das ist eine zwecklose Vergeudung von Volksvermögen. Mehr kann ich hier nicht sagen. Aber keine Sorge, Göring weiß Bescheid.«
Mitternacht. Ich habe den ganzen Tag meine Frau nicht mehr gesehen. Ich bitte sie zu mir. Wir wollen eine Kleinigkeit essen.

24. April: Wir löffeln eben unsere Suppe, da tritt die Ordonnanz ein. Draußen sei ein SS-Führer, der mich sprechen wolle.
Ich sage: »Lassen Sie ihn herein«, doch die Ordonnanz erwidert: »Nein, Herr General, den laß' ich nicht 'rein, der gefällt mir nicht, der hat bewaffnete SS-Männer dabei.«
Die Ordonnanz möchte, daß ich durch einen Nebenraum und dort durch das Fenster verschwinden solle, die SS hätte sicher nichts Gutes im Sinn. Aber so geht es nun auch nicht. Selbstverständlich muß ich mich stellen. Meine Frau, die keine Ahnung hat, was bisher gespielt worden ist, macht große, erstaunte Augen.
Ich wende mich zu meinem nebenliegenden Büro, die

Türe bleibt halb geöffnet. Dann lasse ich vom Korridor den SS-Führer eintreten. Es erscheint ein SS-Obersturmführer, er nennt seinen Namen, »Bredow« (ich kenne ihn nicht), darauf sagt er in dienstlicher Haltung:
»Herr General, ich bedauere meinen Auftrag außerordentlich und bitte um Entschuldigung. Ich habe Sie im Auftrage des Führers in Haft zu nehmen.«
Ich: »Wissen Sie, warum?«
Bredow: »Nein.«
»Wo ist der Reichsmarschall?«
»Festgenommen!«
»Brauchitsch und die Umgebung des Reichsmarschalls?«
»Festgenommen!«
»Der Reichsminister Lammers und Reichsleiter Bouhler?«
»Festgenommen!«
»Also, dann wissen Sie auch, warum ich festgenommen werde?«
»Ja.«
»Ich mache Sie darauf aufmerksam, daß das, was hier geschieht, Wahnsinn ist. Der Reichsmarschall hat völlig rechtmäßig gehandelt und an Hitler überhaupt nur eine Frage gerichtet.«
Bredow bezeichnet meine Festnahme als eine »Ehrenhaft« und bittet mich, mir noch etwas sagen zu dürfen. Ich gewähre das, er tritt zwei Schritte zurück, schlägt die Hacken zusammen und erklärt: »Es ist mir ein besonderes Bedürfnis, Ihnen, Herr General, meine und meiner Kameraden größte Hochachtung auszusprechen. Ich

bitte, das tun zu dürfen und darf betonen, daß mir mein Auftrag sehr schwer ist.«
»Wie kommen Sie dazu?« sage ich. »Wir kennen uns gar nicht, oder wollen Sie mir etwa die bittere Pille der Festnahme auf diese Weise versüßen? Eine seltsame Art.«
Bredow: »Auch wenn Sie mich nicht kennen, Herr General, wir kennen Herrn General schon lange und haben Herrn General schon immer bewundert. Das muß ich jetzt sagen, weil mir mein Auftrag völlig gegen den Strich geht.« Ich erwidere ihm: »Sie können nicht den Reichsmarschall und mich einfach festnehmen, der Luftwaffe damit sozusagen den Kopf abschlagen und sie völlig ohne Führung lassen. In diesen furchtbaren Tagen brennen uns tausend Dinge auf den Nägeln und draußen geht alles drunter und drüber. Ich muß wenigstens dem Chef des Luftwaffenführungsstabes, General Schulz, ordnungsgemäß übergeben können. Der Schulz muß hierher.«
Bredow lehnt es ab, mir sei nach seinem Befehl weder eine Übergabe von Geschäften noch sonst irgendeine Verbindung gestattet. Ich kann nicht einmal meine Sekretärin, meinen Schreiber oder meinen Ordonnanzoffizier in meinem Vorzimmer sprechen.
Ich frage, wohin ich gebracht werden solle. Bredow entgegnet, ich könne unter SS-Bewachung in einem Raum des Hauses, den ich selbst auswählen möge, verbleiben.
Bredow wird von mir unterrichtet, daß ich meine Frau bei mir habe, ich müßte mit ihr reden, denn sie solle am kommenden Morgen wieder zu den Kindern zurück. Er erteilt die Erlaubnis, daß meine Frau unter den gleichen

Bedingungen, wie man sie mir auferlegt hat, bei mir verweilt; am Morgen will er sie dann entlassen. Meine Frau sitzt nebenan und ist Zeugin dieses Gespräches.
Währenddes entdecke ich auf meinem Schreibtisch – und ich bin einen Moment wirklich ehrlich entsetzt – die Entwürfe für die beiden Aufrufe an Wehrmacht und Volk. Wenn sie gefunden werden, kann das die verheerendsten Folgen haben.
Es gelingt mir mit Vorsicht, in Anwesenheit Bredows die Blätter in meine Rocktasche gleiten zu lassen. Danach begeben wir uns, bis zur Schwelle von Bredow begleitet, in mein Schlafzimmer. Vor der Türe stehen 3 schwer bewaffnete SS-Männer.
Sobald ich mit meiner Frau allein bin, vernichte ich die gefährlich gewordenen Dokumente, die Schnitzel spülen im WC des Baderaumes fort.
Ich kann nicht behaupten, daß ich die Geschichte erfreulich finde.
Es mag gegen 5 Uhr morgens sein, da stürmen Oberst v. Brauchitsch und Bredow in mein Zimmer. Ich bescheide sie, draußen zu warten, ich käme hinaus.
Brauchitsch, dem, weil er gleichfalls in Haft ist, Bredow nicht von der Seite weicht, überbringt mir die Aufforderung Görings, sofort nach Berlin zu fliegen und Hitler die genauen Vorgänge darzustellen.
Bredow: »Nicht Göring, der Führer hat das befohlen.«
»Wie soll ich denn nach Berlin kommen?«, frage ich. »Ich bin festgenommen und wenn ich nach Berlin fliege, kann ich ja flüchten. Oder soll ich vielleicht unter SS-Bewachung fliegen? Das tue ich nicht. Außerdem ist es für heute schon zu spät, ich kann erst um 7 Uhr starten.

Bei Tag kann man sich nicht durchschlängeln und mit meinem Verlust ist wohl niemandem gedient. Daher lehne ich ab.«
»Auf keinen Fall Flug am Tage«, sagt auch Brauchitsch, »das geht nicht. Sie, Herr General, sind unser einziger Zeuge.«
Ich gehe wieder in mein Zimmer, Bredow telefoniert, vermutlich mit dem Obersturmbannführer Dr. Frank, dem Leiter eines, Bormann auf dem Obersalzberg unterstellten SD (Sicherheitsdienstes), der mit der Durchführung aller Maßnahmen gegen Göring usw. beauftragt ist.
Nach einiger Zeit erscheint Bredow, der immer korrekt und ausgesucht höflich geblieben ist, wieder mit der Weisung, daß ich nicht am Tage fliegen solle. Ferner teilt er mir mit, daß auf Hitlers Anordnung hin meine Festnahme wieder aufgehoben sei.
Die Bewachung wird zurückgezogen.
Im Laufe des Tages höre ich in einem Telefongespräch mit Obersturmbannführer Dr. Frank, daß Kaltenbrunner (Chef des Reichssicherheitshauptamtes) heute oder morgen in Berchtesgaden einträfe. Eine Darlegung der Angelegenheiten ihm gegenüber würde meinen Flug nach Berlin überflüssig machen. Frank verspricht mir Kaltenbrunners Ankunft sogleich zu avisieren oder ihn zu mir zu schicken.
Eine Verbindung mit Göring oder seiner Umgebung ist unmöglich. Wer auf der Fahrt zu ihm das erste Tor passiert hat, kommt nicht mehr zurück. Frank verweigert auch mir jegliche Erlaubnis. Um meine persönliche Bewegungsfreiheit nicht zu gefährden, muß ich entsprechende Versuche, zu Göring zu gelangen, vermeiden.

Meine Frau ist heute morgen wieder abgereist.
Kurz vor 19 Uhr tolle Nachrichten aus dem Gau Oberdonau. Der Kreisleiter von Vöcklabruck hat auf Weisung des Gauleiters Oberdonau den Volkssturm »gegen inneren Feind« alarmiert. Jeder, der gegen Hitler wäre, sei zu erschießen. Er will das »im engen Zusammenwirken mit der Luftwaffe« durchführen.
Ich bin überzeugt, daß die Maßnahmen von Bormann angeordnet sind und sich gegen die Luftwaffe richten. Der Kreisleiter hat sich wohl getäuscht.
Das stellt sich auch gleich heraus, als der Gauleiter die Richtigkeit solcher Anweisung bestätigt. Er hat selbst unsere Luftwaffenfernsprechvermittlung in Linz besetzt und auf die Nachrichtenstellen der Fliegerhorste Gestapobeamte entsandt, mit dem Auftrag, darüber zu wachen, daß keine Befehle ausgeführt werden, die nicht die Unterschrift von Adolf Hitler tragen. Dieser Gauleiter Aigruber will seine Maßnahmen erst zurücknehmen, wenn er über den Aufenthalt einer bestimmten Person befriedigende Auskunft von der Luftwaffe bekäme. (Diese Person ist offensichtlich Göring.)
Ich gebe Befehl an die Luftwaffe im Raum Oberdonau, ruhig weiterzuarbeiten und sich nicht erpressen zu lassen.
Dem Gauleiter wird übermittelt, daß jeder Eingriff seinerseits vom Chef des Generalstabes der Luftwaffe schärfstens zurückgewiesen wird. Besetzung von Luftwaffenvermittlungen sind sofort zurückzuziehen. Alle Befehle für die Truppenführung, für deren Bewegung, Kampf und Versorgung müssen durchgeführt werden, auch ohne Unterschrift von Hitler. Für alle durch die

Maßnahmen des Gauleiters eintretenden Fehler und Auswirkungen wird er allein voll verantwortlich gemacht.
(Unverschämtheit! Wie sich die Leute das vorstellen? Sollen wir vielleicht für jede Anweisung an die Truppe im Bunker in Berlin eine Unterschrift holen?)
Ich bitte Frank zu mir, er verspricht zu kommen, tut es aber nicht.
Nach ein paar Stunden flaut die Erregung im Gau Oberdonau wieder ab.
Es ergibt sich, daß das OKW, weil im Norden abgeschlossen, natürlich im Süden nicht führen kann. Am besten wäre, Kesselring würde hier die Führung auf eigene Verantwortung übernehmen, als nunmehr Ältester in diesem Raum. Ich schlage ihm das vor, aber er will es erst noch einmal überschlafen.
Spät abends ruft Frank an, ob ich in der Nacht nach Berlin fliege.
Nein, ich warte auf Kaltenbrunner. Er teilt mir mit, Kaltenbrunner sei dagewesen, aber sofort wieder weg.
»Warum haben Sie mir nichts davon gesagt? Wo ist er jetzt?«
»Das weiß ich nicht, er kommt morgen wieder.«
»Dann erwarte ich ihn morgen.«
Eine Trauerbotschaft: Der Staffelkapitän Groß meiner Kurierstaffel ist auf unserem Verlegeflug mit einer unserer Reise-Ju's unterwegs abgeschossen worden. Die Untersuchung ergibt: Groß hat in der Nacht vom 22. zum 23. 4. seine Frau und seine beiden Kinder, die in der Nähe von Kladow wohnten, zum Platz nach Gatow

mitgebracht, um sie auf dem Flug nach Süden mitzunehmen.
Er getraute sich leider nicht, mir etwas davon zu sagen. Stattdes fing er, nachdem ich gestartet war, an, die Maschinen teilweise umzuladen, um für seine Familie Raum zu schaffen. Dadurch verzögerte sich sein Fortkommen, und es wurde so spät, daß er in den hellen Morgenstunden noch in Süddeutschland in der Luft war. Er holte zwar ostwärts aus, wurde aber bei Pocking von drei Mustangs angegriffen und in Brand geschossen, sein Bordmonteur schwer am Bein verletzt. Groß landete die brennende Maschine in der Vils im Wasser, ohne Bruch, Tragflächen links und rechts auf dem Ufer aufliegend; eine respektable, fliegerische Leistung. Die Insassen verließen durch das Fenster das Flugzeug, retteten den verwundeten Bordmonteur und die Kinder. Als man Frau Groß herauszog, entdeckte man, daß sie tot im Sessel gesessen hatte, ein 2-cm-Geschoß im Rücken.
In der Luft war das gar nicht bemerkt worden. Bei der Rettung zeichnete sich Dr. Schuster, mein Meteorologe, besonders aus. Er rettete die Kinder, beim zweiten aber brach die Tragfläche, über die er mußte, durch, und Schuster fiel in den Flammenherd. Trotzdem deckte er das Kind derart, daß es unverletzt blieb. Er selbst befindet sich jetzt mit schweren Brandwunden an Kopf, Gesicht und Händen im Lazarett.
Der arme Groß. Hätte er mir bloß ein Wort gesagt, ich hätte seine Familie selbstverständlich mitgenommen.
Wieder Anruf wegen Berlin. Diesmal Admiral v. Puttkamer, der mir von Senatspräsident Müller, persönlicher

Referent Bormanns, ausrichten soll, ich möge laut Weisung aus dem Führerbunker, wenn irgendmöglich noch in der Nacht fliegen.
Ich lehne aus technischen und gesundheitlichen Gründen ab. Für morgen ist Kaltenbrunner angesagt. Überdies wäre es Torheit ins Aschgraue zu fliegen, ohne zu wissen, wo und wann ich dort oben landen kann. Anfragen, welche Plätze noch benutzbar, sind nicht beantwortet worden. Zudem wäre es sinnlos, wenn ich mir, in Berchtesgaden eigentlich keinen Moment abkömmlich, nach vier fast völlig schlaflosen Nächten und Tagen etwa für nichts und wieder nichts nun noch mal zwei Flugnächte und den Berliner Tag dazwischen um die Ohren schlagen wollte. Die dauernde Überspannung spüre ich seit Anfang 1944 deutlich an meiner Gesundheit.
Eine Viertelstunde vor Mitternacht Anruf von München, Oberföhring-Freimann. Am Apparat Generaloberst *Ritter von Greim.* Er weiß von den bisherigen Vorgängen nichts und sagt mir:
»Koller, ich bin zum Führer nach Berlin befohlen, was ist los?«
»Ja«, bescheide ich den Generaloberst, »dann werden Sie wohl Oberbefehlshaber der Luftwaffe werden.«
Greim: »Was ist denn los? Können Sie mich nicht unterrichten? Ich möchte etwa 2.30 Uhr bis 3 Uhr von Schleißheim oder Aibling abfliegen. Jedoch nicht nach Berlin, sondern nach Rechlin.«
»Ich kann Sie nur durch ein Fernschreibegespräch unterrichten. Ich bitte Sie dann, die Niederschrift als Meldung an Hitler mitzunehmen.«

Das Fernschreibegespräch findet anschließend statt. Es dauert etwa 1½ Stunden.

25. April: Gleich 2 Uhr. Greim hat wenig Zeit, ob er noch weggekommen ist?
Nach einem kurzen Schlaf habe ich am Morgen gerade begonnen, mich zu rasieren. Da dröhnen Viermotorige, Berchtesgaden hat Alarm. Schweres Flakfeuer, die Fenster klirren, daß man glaubt, sie müßten zerspringen. Schulz ruft aus Strubb an, die Anlagen auf dem Obersalzberg würden angegriffen, ich solle in Deckung gehen. Von Strubb aus kann man da hinsehen, von mir aus hat man keinen Blick dort hinauf. Na, ich rasiere mich erst mal fertig und ziehe mich an. Mittlerweile ist der Angriff vorbei; er lief in drei Wellen ab.
Ich konnte die Nähe nicht ausmachen und mußte daher nur einen Vorüberflug der Viermotorigen vermuten. Der Erkennbarkeitsmangel und die geringe Wirksamkeit der Druckwellen sind dem gebirgigen Gelände zuzuschreiben, das sich mit seinem Rücken kulissenartig vorschiebt. Ein solcher Rücken liegt unmittelbar vor dem Haus Geiger in der Richtung gegen den Berghof. Und dann bin ich auch im Tal, und die Angriffsgegend liegt wesentlich höher.
Ich schicke gleich hinauf, um die Lage oben zu klären. Sind Arzt, Sanitätspersonal, Aufräumungskommandos notwendig? Ich gebe auch Abschrift meiner fernschriftlichen »Meldung über Greim an Hitler« für Göring mit. Eine direkte Verbindung mit ihm wird noch immer verweigert. Frank mag das Schreiben lesen; vielleicht händigt er es dann Göring aus.

General Bodenschatz (General der Luftwaffe beim Führer, seit dem Attentat vom 20. 7. 44 ohne dienstliche Tätigkeit) kommt unterdessen. Er versuchte, zu Göring zu gelangen, merkte aber nach der ersten Sperre Schwierigkeiten und ging wieder zurück. Dabei wollte ihn die Wache nicht passieren lassen. Lediglich seine nachdrückliche Forderung und das von ihm vorgewiesene goldene Parteiabzeichen machten ihm den Weg wieder frei.
Bodenschatz möchte wissen, was er für Göring tun kann; hinauf gehe er aber nicht mehr. Er ist in Uniform, frisch und lebhaft wie immer, und hält sich derzeit bei seinem ehemaligen Burschen in Bayrisch-Gmain auf. Er fragt mich, wie er sich verhalten soll, wenn die Amerikaner kommen. Ich schlage ihm scherzhaft vor, auf dem Dorf bei seinem ehemaligen Burschen, der Gastwirt ist, in »kurzer Wichs« einen Hausknecht vorzutäuschen.
Dann erscheint Generaloberst Lörzer, heimlich und leise, durch den Eingang bei der Küche und in Zivil. Er erkundigt sich ebenfalls, was er für Göring unternehmen könne. Darauf verläßt er das Haus wieder auf dem gleichen sekreten Pfad. Offenbar hat er Angst, jemand könne sehen, daß er bei mir war. Er verspricht, jeden Tag bei mir nachzufragen. (Er ist nicht mehr gekommen, sondern hat Berchtesgaden schleunigst den Rücken gewendet. Ihn hat Göring für seinen besten Freund gehalten.)
Gegen 11 Uhr betritt plötzlich Greim mein Zimmer. Er sagt, er habe in der vergangenen Nacht nicht starten können, da die für ihn sowohl in Schleißheim wie in Aibling bereitgestellten Flugzeuge durch Luftangriffe

ausgefallen sind. Er will bis zur nächsten Nacht warten und sich inzwischen mit mir aussprechen.
Ich trage ihm die ganze Angelegenheit ausführlich vor. Der bei Greim bereits früher auf Göring vorhandene Ärger hat sich verschärft. Er verurteilt, daß Göring nicht bei Hitler in Berlin geblieben ist, und auf das härteste Görings Verhalten vom 23. April. Mir ist das unverständlich. Er aber betont, Göring habe Verrat geübt, und ich dürfe ihn nicht verteidigen. Darauf erwidere ich: »Daß Göring nicht im Bunker blieb, ist sachlich richtig, und ich kann es menschlich begreifen. Er hatte dort keinen einzigen Freund und war nur von Gegnern umgeben, die ihn und die Luftwaffe seit langem, man kann ruhig sagen: steigend seit zwei Jahren auf die böswilligste Art bekämpften, statt zu helfen. Wo sollten wir außerdem hinkommen, wenn sich alle Verantwortlichen im Bunker einschließen?
Ich bin nicht Görings Verteidiger, dazu hat er zu viel Fehler und mir das Leben zu schwergemacht. Er hat mich ohne Grund mit Standgericht und Tod bedroht, mir das Erschießen von Generalstabsoffizieren vor angetretenem Generalstab angekündigt und vieles andere mehr. Trotzdem kann ich die Tatsachen vom 22. und 23. 4. nicht ändern oder verfälschen, Göring hat dabei nichts unternommen, was Verrat gewesen wäre. Im Gegenteil, er hat das einzig Richtige und Vernunftgemäße gewollt, nun hätte er einmal was wirklich richtig gemacht, und da verhaftet man ihn.«
Ich erweitere mein Fernschreibegespräch mit Greim zu einer eingehenden schriftlichen Meldung, die Greim Hitler aushändigen soll. Er behauptet aber, die Reinaus-

fertigung nicht abwarten zu können, er müsse noch dringend anderes erledigen. Wir vereinbaren, daß ich ihm meine Darstellungen vor seinem Start zuleiten werde.

(Das klappt denn auch, Greim bestätigt mir vor seinem Abflug den Empfang telefonisch. Wie ich später erfahre, war er so eilig, weil er Hanna Reitsch in Leopoldskron abholen wollte. Sie sollte ihn mit einem in Rechlin stehenden Hubschrauber nach Berlin hereinbringen. Hätte er mir das gesagt, würde ich ihn darüber aufgeklärt haben, daß dieser Hubschrauber flugunklar war.)

Meldung von einer Truppenreise über die Flak. Haltung der Truppe überall gut, aber für den Erdkampf unzureichend geschult. Überall das Leid mit den versockelten, unbeweglichen Batterien.

(Verantwortlich: Adolf Hitler, Rüstungsminister und Jeschonneck.)

Munitionsnachschub nicht gesichert. Der Flak fehlt in ihren Stellungen infanteristischer Schutz.

Auf den Straßen überall Einzelgänger von Heer und Volkssturm.

Bericht über die Situation auf dem Obersalzberg. Frank hatte dort durch seine »Sicherungsmaßnahmen« die Funkmeldeauswertung gesperrt, daher kam die erste Angriffswelle, ohne daß Alarm gegeben war und ganz überraschend. Göring, seine Frau und andere flüchteten aus ihren Betten in Schlafanzügen und Nachthemden zu den Luftschutzbunkern.

Nach Angaben von Frank sieht der Obersalzberg wie eine Mondlandschaft aus. Haus Göring fast völlig weg, Führerbau zur Hälfte, auch Haus Bormann zerstört.

Ferner viele kleine Bauernhäuser in der Umgebung getroffen. Mehrere Tote und Verletzte.
Frank lehnt Zuführung von Hilfskräften ab, er habe genug. (Später stellt sich heraus, daß das unwahr. Die Verletztenversorgung dauerte sehr lange und war durchaus unzureichend.)
Frank hat Weiterleitung meines Berichtes an Göring verweigert. Göring selbst ist mit seinem Gefolge noch immer in Haft, er soll jetzt in seinem Luftschutzbunker untergebracht werden, da anderes Quartier »nicht mehr möglich«.

Nochmals nach Berlin

26. April: Der Tag beginnt wieder mit einer Fülle von Umdispositionen und taktischen Entscheidungen. Ich muß, wo Torheiten begangen werden, oft scharf dazwischenfahren. Andrerseits muß ich vernünftige und zweckmäßige Handlungen, Maßnahmen und Entschlüsse, die oft höheren Anordnungen entgegenstehen, auf meine Verantwortung übernehmen. Geschrumpfte Verbände müssen aufgelöst, aus Resten andere gebildet werden. Möglichst viele Leute des Personals, soweit sie ihre Familien noch erreichen können, werden nach Hause geschickt. Es gibt so viele kleine und große Leute in den Ämtern und in militärischen Stellen, die herumwursteln wie die Irren. Überall muß ich ausbügeln und ordnen, aber es ist doch alles zwecklos.

14.30 Uhr: Anruf von Dr. Hummel, Obersalzberg (gehört zu dem Vertreterkreis des Reichsleiters Bormann–Dr. Frank auf dem Obersalzberg), er teilt mit:

»Auf einen Funkspruch von uns, vom Obersalzberg, daß Sie letzte Nacht nicht starten konnten, haben wir als Antwort einen Funkspruch von Reichsleiter Bormann im Auftrag des Führers. Herr General, Sie müssen in der kommenden Nacht trotzdem starten und sich beim Führer melden. Es kommt jemand von uns hinunter zu

Ihnen, um Ihnen den Befehl noch mündlich zu überbringen.«
Vom Obersalzberg kommt aber keiner. Ich rufe zurück. Hummel bestätigt den Befehl noch mal und erklärt jetzt, daß der Befehl von Hitler unterschrieben sei und daß ich nach diesem Befehl ohne jede Rücksicht auf andere Dinge zu fliegen hätte.
Wer sieht einem eingehenden Funkspruch an, wer diesen wirklich unterschrieben hat? Warum läßt Hitler nur über die Stelle Bormann funken, warum nicht unmittelbar an meine Dienststelle? Die Funkunterlagen dazu sind im Bunker. Warum wird der Befehl nicht über meinen Verbindungsstab beim OKW an mich abgesetzt? Dieser militärische Befehlsweg wäre der richtige! Merkwürdiges Verfahren! Die Sache riecht arg hinterhältig! Immerhin ist es möglich, daß der Befehl von Hitler direkt kommt. Er bedient sich nicht immer der richtigen Stellen für seine Befehlsausgabe und wirft oft dem nächstbesten einen Befehl zu, immer häufiger Bormann, weil er keinem andern traut.
Um 17.30 Uhr bringt mir General Winter folgenden Befehl Hitlers zur Kenntnis: ausgegeben 25. 4. (jetzt führt er anscheinend wieder selber):

1. *OKW ist mir für die Fortführung der Gesamtoperationen verantwortlich.*
2. *Es führt nach meinen Weisungen, die ich durch den bei mir befindlichen Chef des Generalstabes des Heeres übermitteln lasse:*
   a) *Im Südraum, mit Hilfe Führgs.Stab B (Winter), die Heeresgruppen Süd und Mitte, den Ob.Süd-West und den Ob.West.*

b) Im Nordraum unmittelbar den WB. Norwegen, Dänemark, den Ob.Nordwest, die 12. Armee, die Heeresgruppe Weichsel mit 9. Armee, die Armee in Ostpreußen und Kurland.

3. Die Führungsaufgabe des Führungsstabes A unter Großadmiral Dönitz tritt vorläufig nicht in Kraft.

4. Hauptaufgabe OKW: Durch Angriff mit allen Kräften und Mitteln und unter größter Beschleunigung von Nordwesten, Südwesten und Süden her eine breite Verbindung mit Berlin wieder herzustellen und damit die Schlacht von Berlin siegreich zu entscheiden.

5. ... Befehl für Führung und Luftwaffe folgt.

Für die Richtigkeit gez. Jodl.

Hitler hat also die oberste Führung wieder an sich genommen. Der Inhalt der Ziffer 4 seines Befehls läßt jede nüchterne Beurteilung der Lage-Berücksichtigung von Zeit und Raum, über die zahlenmäßige und materielle Überlegenheit der Gegner und den Zustand unserer Kräfte vermissen. Ausgeschlossen, daß diese Angriffe zum Tragen kommen oder gar zu dem gewünschten Erfolg führen können. Kommandant eines eng zernierten Platzes, gleichzeitig Staatsführer und Oberster Befehlshaber der Wehrmacht, welch ein Horizont und welch kindliche Führung!

Winter teilt weiteren Befehl von OKW mit, eingegangen 26. 4.

11 Uhr: »Heeresgruppe Mitte nach Norden angreifen.«

Ferner teilt er mit, daß Hitler die seitliche Verschiebung einer Panzerdivision in den Raum Passau, die Winter

hier im Südraum veranlaßt hatte, nicht gutgeheißen habe und diese Division durch das OKW unmittelbar auf Iglau abgedreht worden ist. So macht man seit langer Zeit jede Selbsttätigkeit der nachgeordneten Führung zunichte und befiehlt auch heute noch, nach der völligen Trennung Deutschlands, in die Divisionen hinein, in Lagen, die sich in Berlin und beim OKW gar nicht mehr übersehen lassen.
Ob.West ist in Anlage Pullach umgezogen.
Hitler befiehlt Einsatz KG. 4 im Raum Berlin. Heeresgruppe Mitte erhebt Einspruch und fordert Einsatz dieses Verbandes zur Versorgung von Breslau.
Nachdem der Nachteinsatz Berlin keinen besonderen Erfolg haben kann und kaum eine störende Wirkung für die russischen Truppen bedeuten wird, entscheide ich den Einsatz des KG. 4 nach Breslau zur Versorgung der dort Eingeschlossenen.
Luftwaffenkommando West (Generalleutnant Schmid) hat einzige Aufklärungsstaffel Me 262 aufgelöst und Flugzeuge in Jagdverband 44 genommen.
Unmöglich! Wir können auf letztes Auge über den Fronten nicht verzichten. Maßnahme muß zurückgenommen werden, die Flugzeuge sind sofort wieder zur Aufklärung zusammenzufassen.
Das gleiche Kommando hat das KG. 51 umgebildet zum Jagdverband, im Gegensatz zu den strengen Weisungen Hitlers. Ist aber richtig, es bleibt bei diesen Maßnahmen, die Verantwortung übernimmt das OKL.
Ebenso will Luftwaffenkommando West das J.G. 27 auflösen, weil angeblich ausgeblutet. Der Commodore dieses Geschwaders aber meldet, daß er tatsächlich noch mit

zwei fast vollen Gruppen im Einsatz ist. Diese Gruppen erscheinen aber nicht in der Gliederung des Luftwaffenkommando West. (Wieso, was geht da vor?)
Das Geschwader war zuletzt im Norden, nördlich des Thüringer Waldes, ich lasse feststellen, auf welchen Befehl das Geschwader nach dem Südraum gekommen ist und entscheide, daß es nun im Südraum im Einsatz bleibt und nicht aufgelöst wird.
Jagdverband 44 (Galland) meldet auf seinem Flugplatz (München-Riem) 95 Me 262, die dort, neu aus der Produktion gekommen, herumstehen sollen. Der Verband selbst könne aber nur 25 Maschinen verdauen.
Wenn das zutreffend, so ist das einfach toll. Während die Verbände dringend Maschinen brauchen, das J.G. 7 z. B. auf 20 Flugzeuge abgesunken ist, sammelt hier ein Irrer Flugzeuge, statt sie der Truppe zuzuführen. Ist das der Generalbevollmächtigte für Strahlflugzeuge Kammler (SS-Gruppenführer) oder Herr Sauer? Gegen den Schuldigen müßte man wirklich mit Tatbericht vorgehen. Aber es ist ja alles schon so trostlos und sinnlos geworden.
(Von mir veranlaßte sofortige Nachprüfung hat dann ergeben, daß es sich wohl um neue, aus der Produktion gekommene Me 262 handelte, die aber entweder überhaupt nicht flugklar oder nicht fronteinsatzfähig waren, weil noch Teile des Fluggerätes fehlten oder z. B. die gesamten Waffen. Nur einige Flugzeuge waren soweit, daß sie der Truppe zugeleitet werden konnten.)
Im Laufe des Nachmittags bis zum Abend wurde noch zweimal von der Dienststelle Frank (Obersalzberg) angerufen und gefragt, wann ich nach Berlin starten

würde, man müßte das wissen, weil man das nach Berlin zu melden hätte.
Ich entschließe mich daher nach Rechlin zu fliegen, um von dort nach der Ost-West-Achse zu starten. Mein Ordonnanzoffizier und mein Unterpersonal geben sich große Mühe, mich davon abzubringen. Sie beredeten mich den ganzen Tag, es ja nicht zu tun.
Aber ich bin nie feige gewesen und will das auch jetzt nicht sein. Ich habe ein gutes Gewissen, wenn mir auch aufrichtig gestanden, dabei nicht sehr wohl zumute ist.
Gleich nach 22.30 Uhr fahre ich von Berchtesgaden ab mit Kraftwagen zum Start nach Schleißheim. Meine Sekretärin Frl. W. läßt sich nicht daran hindern, mich wenigstens bis zum Flugplatz zu begleiten. Unterwegs will ich noch schnell bei meiner Frau und den Kindern vorbeischauen.
Daheim gab es eine große Aufregung. Meine Frau und die Kinder lagen schon zu Bett. Als sie mein Vorhaben erfuhren, wollten sie mich nicht mehr weglassen. Meine Frau und mein ältester Bub waren entsetzt, daß ich wieder nach Berlin fliegen wollte, entwickelten alle möglichen Fluchtpläne, sie haben meine Weiterfahrt fast mit Gewalt unterbinden wollen. Es ist mir sehr schwergefallen, meine Reise trotzdem fortzusetzen.
In Schleißheim finde ich auf dem Flugplatz statt einer Ju 88 A 6 (Nachtjäger), die ich mir der größeren Geschwindigkeit halber bestellt hatte, nur meine Reise-He 111 startklar vor. Ich muß mit ihr los. Frl. W. hat sich mit Hilfe meiner famosen Besatzung eingeschmuggelt, sie wollte nicht zurückbleiben.
Ich starte um 3.30 Uhr.

27. April: Helle Mondnacht, doch werde ich von Nachtjägern nicht belästigt. Einiges Flakfeuer an der Elbe und südwestlich Berlin. Im Raum um die Reichshauptstadt durch Wolken und Nieselregen zahlreicher Feuerschein.
In Rechlin Landung um 5.45 Uhr. Auf dem Flugplatz treffe ich, gleich mir eben gelandet, Oberst Rudel, der auch zu Hitler befohlen ist und zu meinem Verbindungsstab Christian will, da er Hineinkommen nach Berlin für aussichtslos ansieht.
Auf dem Flugplatz Ju's 52, die SS nach Berlin bringen sollten, dort aber nicht mehr herunter konnten und nun ihre Truppen wieder entladen.
Über der Stadt lagert dicker Qualm, der jede Orientierung unmöglich macht. Entlang Einschwebestreifen zur Ost-West-Achse kettenmäßig stärkste Abwehr der Russen. Flugplätze um Berlin alle ausgefallen, auch Gatow. Von dort in das Stadtinnere auch keine Landverbindung mehr. Flugleiter bezeichnet die vergangene Nacht als die letzte, in der Flugzeuge noch nach Berlin kommen konnten.
Die SS-Leute scheinen mir über das Nichtgelingen ihres Transportes sichtlich erleichtert zu sein, was ich ihnen nachfühlen kann.
Mein Verbindungsstab Christian im Kasino Nord des Flugplatzes Rechlin schläft soeben nach durcharbeiteter Nacht. Die verdiente Ruhe soll nicht gleich gestört werden, verschaffe mir irgendwo ein Frühstück und strecke mich müde ein und eine halbe Stunde auf ein Sofa.
Ab 9 Uhr spreche ich Major i. G. Dickl, Generalmajor

Christian und Oberstleutnant i. G. Panitzki von meinem Verbindungsstab.

Mein Hineinkommen nach Berlin wird, jedenfalls am Tage, für ausgeschlossen gehalten. Vortrag über Lage Berlin. Christian berichtet, daß v. Greim den Hubschrauber haben wollte, der aber nicht flugklar war. Darauf habe ihn und Hanna Reitsch gestern ein Feldwebel in einer FW 190 nach Flugplatz Gatow geflogen, der bereits unter dem Feuer russischer Maschinengewehre lag. Von dort sei Greim mit einem Fieseler Storch weiter zur Achse und habe Hanna Reitsch mitgenommen. Über dem Grunewald sei Greim im Feuer leichter Waffen russischer Infanterie am Fußknöchel verletzt worden und befinde sich nun im Führerbunker. Beide konnten bis jetzt nicht wieder herausgeholt werden und Christian bezweifelt, daß dies noch gelingen werde. Ich erfahre, daß sich das OKW in einer Försterei im Walde bei Fürstenberg befindet und entschließe mich, dorthin zu fahren.

Beim OKW angelangt, habe ich eine erste Unterredung mit Jodl. Er bestätigt mir nochmals alles, was er mir bei der letzten Unterredung in Krampnitz gesagt hat. Meine Enthaftung führt er auf eine Auskunft über diese Unterredung und meinen anschließenden Flug nach Süddeutschland zurück, die er auf Anfrage in der Nacht vom 23. zum 24. 4. an den Führerbunker gegeben hat.

Unsere Unterhaltung wird dauernd durch Telefonate und Ordonnanzoffiziere mit Meldungen unterbrochen. Die Erörterung der Gesamtlage, der Absichten oder Ziele des OKW daher ständig gestört. Ich gewinne hier, wie bei andern, den Eindruck, daß man zwar den

unvermeidlichen Zusammenbruch erwartet, aber sich darüber nicht auslassen will. Lieber ergeht man sich in vagen Hoffnungen, etwa auf das lang erwartete Zerwürfnis zwischen den Westmächten und den Sowjets.
Keitel tritt ins Zimmer, unser Gespräch ist nichtssagend und ergebnislos. Als ich die Vorgänge berühre, die die Festnahme Görings verursacht haben, weicht er aus, auch meinen Fragen, was das OKW weiter zu tun beabsichtige und was in dieser Lage nun geschehen solle. Er entschuldigt sich mit Arbeit und verschwindet wieder.
Von Major i. G. Büchs erfahre ich, wer außer Hitler, v. Greim und Hanna Reitsch gegenwärtig im Führerbunker ist. Dieselben Personen, wie schon am 22. 4., nämlich General Burgdorf, Oberst v. Below, General Krebs, Johannmaier, Oberstleutnant Weiß, Konteradmiral Voß, Major v. Freytag-Loringhofen, Hauptmann Boldt, Rattenhuber, Botschafter Hewel, Frau Christian, Frau Junge, Frau Manzialy, Eva Braun, Bormann mit einem Gehilfen der Reichs-Parteileitung, Goebbels mit Frau und 6 Kindern, Staatssekretär Naumann vom Reichspropagandaministerium. Ferner Fegelein, der am 21. 4. aus Berlin herausgegangen war, dann aber wieder in den Führerbunker geholt worden ist.
Natürlich kann diese Liste keinen Anspruch auf Vollständigkeit erheben. Büchs ist zwar in dauernder Verbindung mit dem Bunker und genau unterrichtet, aber er kann mir jemanden zu nennen vergessen haben.
Zum Lagevortrag in der Försterei treffen, wenn auch verspätet, Dönitz und Himmler ein.
Himmler spreche ich wegen Göring an, er sagt: »Das mit

dem Reichsmarschall ist eine recht unglückliche Geschichte.«

Ich erwidere, daß Göring gar nicht anders handeln konnte, doch werde ich von Keitel unterbrochen. Himmler bemerkt, er wolle sich nachher mit mir darüber noch unterhalten, doch ergibt sich das leider nach der Beratung nicht. Himmler hat vorgeblich auch dann keine Zeit, schiebt andere Besprechungen vor und will erst Mittag essen. Danach will er dann darauf zurückkommen.

Dönitz ist wie immer freundlich und kameradschaftlich. Ich habe im Augenblick keine Gelegenheit, ihn auf die Vorgänge in Berchtesgaden anzusprechen und muß mir das für später vorbehalten.

Bei den Lagevorträgen nehmen heute Dönitz und Himmler die Stelle Hitlers ein. Sie sitzen nebeneinander am Tisch und machen ein paar nichtssagende Bemerkungen. Jodl und verschiedene seiner Referenten erläutern. Im ganzen ist nichts Besonderes zu verbuchen, es erfolgt auch keine Beurteilung der Gesamtsituation, keine Absichtenmitteilung, keine Entschlußfassung. Man wartet, ob Angriffshandlungen der 12. Armee, die im Gange sind, zu einem Ziel führen. Bezüglich »Lage Süddeutschland« muß ich einige erhebliche Unrichtigkeiten korrigieren.

Nachher spreche ich Dönitz wegen der Verhaftung von Göring an. Er sei, antwortet er mir, überzeugt, daß Göring an sich das Beste gewollt habe. Doch beendet er damit gleich das Gespräch und vertröstet mich »auf nach Tisch«.

Ich versuche, nochmals Keitel darüber auszuholen, was

man sich nun eigentlich über die Lage an den furchtbar eingeschrumpften Fronten denkt und was man für Absichten hat. Dabei bemühe ich mich, meine eigenen Ansichten und Rückschlüsse darzulegen. Keitel biegt das Gespräch aber sofort auf Nichtigkeiten ab.

Das alles enttäuscht mich tief, denn ich hatte als selbstverständlich erhofft, daß der entsetzliche Ernst der Situation, dazu die Festnahme Görings und die Ernennung Greims zum Oberbefehlshaber der Luftwaffe unter gleichzeitiger Beförderung zum Feldmarschall – die eben bekanntgeworden war – das Hauptthema jeder Unterhaltung ausmachen würden. Das um so mehr, als ich doch seit dem 20. bzw. 22. April zum erstenmal wieder mit diesen maßgeblichen Vertretern der obersten Führung zusammenkam. Das sind doch Dinge, die einem nicht nur auf den Nägeln, sondern auch im Herzen brennen.

Aber ich gewinne den Eindruck, daß keiner über die längst unvermeidlich gewordene Katastrophe und über das heiße Eisen, das Göring momentan bildet, reden will. Nur Jodl war teilweise dazu bereit. Er hat übrigens vorhin den Keitel ziemlich unverblümt aus dem Zimmer herauskomplimentiert und dabei die nicht sehr höfliche, aber treffende Bemerkung »Schwätzer« fallen lassen.

Ich selbst erscheine mir in diesem Kreis als Fremder und wie ein lästiger Mahner, mit dem man nichts zu tun haben will. Mich dünkt beinahe, diese Leute hier leben gar nicht auf dieser Erde. Oder sind sie einfach zu ängstlich, um ihren Mund aufzumachen? Vor wem denn

aber – einer vor dem andern? Was glauben sie jeder im Grunde? Ich sehe da nicht durch.
Im Vorbeigehen sagt Jodl zu mir lächelnd und mit zwinkernden Augen: »Fliegen Sie bloß nicht nach Berlin.« Ich gestehe, daß das in mir böse Ahnungen bestätigt.
Während der Essenszeit wird es in der Holzbaracke, durch deren dünne Bretterwände man in allen Räumen hören kann, was in einem gesprochen wird, ruhiger. Ich benutze die Gelegenheit zu einem Telefonat mit dem Führungsbunker. Die Verständigung ist teilweise nur schwer erlangbar. Ich löffle, indes die Vermittlungen sich abzappeln, schnell einen Teller Bohnensuppe.
Endlich Reichskanzlei. Ich verlange Verbindung mit Hitler, um mich zu melden. Als Erwiderung ertönt aus dem Apparat: »Führer hat sich zurückgezogen, ist jetzt nicht zu sprechen, darf nicht gestört werden.« Dafür wünsche ich Greim, dessen Stimme ich im Nu vernehme. Ich teile meine Ankunft mit, gratuliere ihm zum Feldmarschall und füge hinzu, wegen der Ernennung zum Oberbefehlshaber der Luftwaffe könne ich ihm nicht gratulieren, sondern ihm nur zu dieser aussichtslosen Aufgabe mein Bedauern ausdrücken.
Er sagt: »Ja, da haben Sie recht.«
Ich erkundige mich: »Darf ich fragen, wer nun Chef des Generalstabes der Luftwaffe werden wird, damit ich das Notwendige veranlassen kann?«
»Koller, wie kommen Sie zu der Frage?«, sagt Greim erstaunt.
Ich antworte: »Nach den Vorgängen der letzten Tage und nachdem man mich festgenommen hat, denke ich, daß

Sie, Herr Feldmarschall, sich einen neuen Chef des Generalstabes nehmen werden, und ich wäre sehr dankbar dafür.«

»Wo denken Sie hin, Koller?«, ruft Greim. »Sie bleiben selbstverständlich Chef des Generalstabes. Ohne Sie könnte ich das Ganze gar nicht machen. Ich habe das auch Hitler gesagt und bin überzeugt, daß wir gut zusammenarbeiten werden. Sie dürfen mich jetzt nicht im Stich lassen. Sagen Sie einmal, wo sind Sie eigentlich, daß Sie mit mir telefonieren können?«

Ich berichte, daß ich beim OKW in einem Walde bei Fürstenberg bin, nachdem ich dauernd über die Bormannschen Stellen Befehle erhalten habe, mich in Berlin bei Hitler einzufinden. Diese Anordnungen sollen nach dem mir Mitgeteilten von Hitler persönlich gegeben worden sein. Ich hätte die Absicht, heute nachmittag unter irgendeinem Jagdschutz oder in der Nacht nach Berlin hineinzufliegen und auf der Achse zu landen.

»Daß Sie sich beim Führer melden sollen«, sagt Greim, »davon weiß ich nichts. Er hätte mir das bestimmt erzählt. Das scheint mir doch eine sehr dunkle Geschichte – die muß ich klären. Ich habe Hitler Ihre Meldung übergeben, er hat sie in meinem Beisein gelesen, sogar langsam zweimal gelesen – sich aber nicht dazu geäußert. Auf keinen Fall fliegen Sie nach Berlin herein! Erstens ist der Flug überflüssig, zweitens kommen Sie nicht mehr durch, und wenn Sie hereinkommen, ist es die Frage, ob Sie wieder hinauskommen. Ich rechne nicht mehr damit, daß ich selbst noch hinauskomme, ich muß hier beim Führer bleiben, und

dann sitzen wir beide im Bunker, das ist ganz unmöglich.«
Ich schildere Greim die Luftlage, soweit ich sie selbst beobachten konnte, und sage, ich würde es probieren, am Nachmittag Flugzeuge durchzubringen, um ihn herauszuholen.
»Gut«, sagt Greim, »versucht das. Halten Sie selbst sich aber damit nicht auf und übergeben Sie es Christian. Sie müssen in der nächsten Nacht wieder nach Süden fliegen, sonst geht dort alles durcheinander.«
»Ich weiß, was ich zu tun habe«, antworte ich. »Aber unsere Zusammenarbeit wird nur von kurzer Dauer sein. Jetzt können wir aus der Luftwaffe nichts mehr machen, es geht zu Ende.«
»Warten Sie es ab«, erwidert mir Greim, »nur nicht den Glauben verlieren, es gedeiht noch alles zu einem guten Schluß. Mich haben das Zusammensein mit dem Führer und seine Kraft außerordentlich gestärkt, das ist hier für mich wie ein Jungbad. Der Führer saß lange an meinem Bett und hat alles mit mir besprochen. Er hat alle seine Vorwürfe gegen die Luftwaffe zurückgenommen, er weiß, was unsere Waffe geleistet hat, sein Vorwurf richtet sich nur gegen Göring. Für unsere Truppe hat er höchste Worte der Anerkennung gehabt. Ich habe mich unendlich darüber gefreut.«
»Jungbad« – mein Gott, das ist wie ein Narrenhaus! Bin ich denn so beschränkt, daß ich dem hohen Flug dieser Herren nicht folgen und den »erlösenden Weg« nicht zu erkennen vermag? Haben diese Menschen einen sechsten Sinn, mit dem sie Dinge zu ermitteln vermögen, die mir als normalem Sterblichen verwehrt sind? Nein, das

gibt es nicht! Man möchte aber bei uns so oft am eigenen, gesunden Denken irre werden.
Greim erwähnt unterdessen seine Verwundung, sie sei nicht bedeutsam, aber er müsse vorläufig liegen. Wir sprechen dann über taktische Einzelheiten zur Unterstützung der Kämpfe in Berlin.
»Nach meiner Beurteilung der Lage«, sage ich, »wird der Entsatz von Berlin nicht gelingen. Bei den Kräfteverhältnissen, dem Zustand der Ausrüstung unserer Truppen und angesichts der Versorgungsmöglichkeiten ist kein Erfolg mehr zu erzielen.«
Greim indessen betont ruhig und sicher: »Der Entsatz muß gelingen und wird gelingen.«
Wir erörtern ferner Details der Organisation und Stellenbesetzung, Änderungen, die Greim fordert, Kampf- und Jagdgeschwader, Unterstellungsverhältnisse. Dann trägt Greim mir noch auf, seine Frau zu grüßen. Er spricht wie immer in seiner stillen, liebenswürdigen und sympathischen Art. Zum Schluß bestellt er mich in sämtlichen Dienstobliegenheiten zu seinem Vertreter, und zwar mit allen Vollmachten.
Ich gehe nun zu Jodl, den ich über das Gespräch mit Greim unterrichte. Darauf versuche ich, Himmler zu erreichen, aber der »Reichsheini« ist abgefahren, weil inzwischen in der Försterei Panzeralarm (Marschbereitschaft 2 Stunden) gegeben wurde. Bei Prenzlau sollen russische Panzer durchgebrochen und im Vorrücken auf Lychen und Woldegk sein.
Unterdessen wurde ich erneut ans Telefon gerufen. Am Apparat ist Greim, der verschiedene Punkte unserer Unterhaltung von soeben rekapituliert und dann sagt:

»Übergebe Verbindung an den Flugkapitän, der Sie unbedingt zu sprechen wünscht.«

Ich überlege, wer das wohl sein kann, da erklingt am anderen Ende der Leitung die Stimme von Hanna Reitsch.

Sie bittet mich, ihrer Mutter und Schwester in Salzburg Nachricht zu geben. Ich soll betonen, daß sie sich dem Wunsche von Greim[1] nicht hätte entziehen können. Ihre Angehörigen müßten begreifen, daß es nicht anders gegangen wäre. Danach schildert sie mir, sehr farbig und sehr lebhaft, ihren Flug mit Greim von Gatow über den Grunewald nach Berlin hinein.

Ich bin in Eile, doch glückt es mir nicht, sie zu bremsen. Nach etwa 20 Minuten lege ich auf, weil das Gespräch ja auf der noch einzigen und für wichtigere Dinge bestimmten Leitung zum Bunker stattfindet.

Durch diese Unterbrechung kann ich nicht mehr, wie gewollt, mit Dönitz sprechen und mich nur noch gerade von ihm verabschieden, als er ebenfalls wegen des Panzeralarms fortfährt. Ich muß nun auch nach Rechlin zurück, wenn etwas geschehen soll, um Greim aus Berlin herauszubringen. Christian bereitet schon vor, aber ich möchte da sein.

Auf den Straßen herrscht jetzt ein größerer Treckverkehr als am Vormittag. Überall Flüchtlingskolonnen. Das Elend dieser armen Menschen ist erschütternd. Es setzt hier und da Stauungen, die aber entwirrt werden können. Die mir begegnenden Truppen sind immer noch in guter Ordnung und diszipliniert.

[1] Von Greim hat letztlich die Begleitung durch Hanna Reitsch nach Berlin nicht gewollt, sie bestand jedoch darauf.

In Rechlin hat Christian 6 Störche mit 30 Flugzeugen Jagdschutz zusammengezogen, die gegen Abend Greim aus Berlin holen sollen. Ich bespreche inzwischen, während draußen mal wieder die Sirenen heulen, mit meinen Herren Einsatz, Gliederung und Nachschub. Die Stimmung bei dem Verbindungskommando ist nervös, kein Wunder. Ich muß persönliche Differenzen und Spannungen zwischen diesem und Generaloberst Stumpf (Luftflotte Reich) ausgleichen.
Das Störche-Unternehmen ist mißlungen. Der Verband zerplatzte in starken Gewitterschauern. Die dennoch durchbrechenden Maschinen fanden infolge von Rauch, Dunst und Regen den Anlanderaum auf der Achse nicht. Verschiedene gerieten in schweres Abwehrfeuer und wurden beschädigt, zwei sind vermißt. Ärgerlich und schade. Für die Nacht werden 12 Ju 52 vorbereitet. Sie sollen beim Anflug SS-Mannschaften nach Berlin frachten.
Rudel hat sich entschlossen, den Flug nach Berlin als aussichtslos aufzugeben. Er will zu seinem Kommando zurück. Ich billige es. Der Tagesrest vergeht mit der Schlichtung von ärgerlichen Schwierigkeiten. Die Leute sind jetzt alle überempfindlich und reiben sich aneinander wegen der dümmsten Kleinigkeiten. Wenn es noch um sachlicher Gründe halber wäre. Aber sie kramen stattdes Prestigedinge und Rangunterschiede hervor. Ich mahne, belehre, werde auch energisch und grob.
Auch der Nachteinsatz der Ju's klappt nicht. Die erste Maschine kommt erfolglos zurück, die Besatzung hat eine ganze Stunde gesucht, aber die Achse nicht gefunden. Die zweite Maschine ist beschossen worden und

schwer beschädigt. Von der dritten Maschine fehlt jede Spur. Die vierte erscheint, wobei sie meldet, daß der Peiler auf der Achse die Annahme weiterer Flugzeuge verweigere. Ich schließe daraus, daß die dritte, vermißte Maschine entweder auf die Achse gefallen oder dort Bruchlandung gemacht hat, so daß die Bahn nun versperrt ist. (Bestätigt sich später.)
Weiterer Einsatz wäre sinnlos. Ich lasse abbrechen.
Nach fortlaufender Arbeit und Besprechungen fahre ich nachts 2.45 Uhr zum Flugplatz, um wieder nach Süddeutschland zu fliegen.

Sollte Göring erschossen werden?

28. April: Start in Rechlin um 3.10 Uhr. Wir fliegen über den Wolken und ohne Zwischenfälle bei hellem Mond. Um 6 Uhr morgens landen wir in Neubiberg.

Bei der Durchfahrt in München ist man im Luftwaffengebäude der Prinzregentenstraße damit beschäftigt, Akten zu vernichten. Als ich von hier aus einen Kraftwagen anfordere, wird mir der Bescheid, daß dieser unterwegs beschlagnahmt werden könnte. Wieso denn?; der Fahrer erhält doch die entsprechenden Ausweise für Wehrmachtstreifen und Parteidienststellen.

Man erwidert mir, es sei eine Beschlagnahme durch das »Freie Bayern« zu befürchten.

Ich sage: »Machen Sie keine dummen Witze«, werde aber dahin aufgeklärt, daß um 4 Uhr durch das Radio eine Aktion »Freies Bayern« verkündet worden sei – Sender Erding – und an der Spitze dieser Bewegung solle General von Epp stehen.

Das erscheint mir nicht ausgeschlossen, da mir bekannt ist, daß Epp, der seinerzeit mehr aus reiner Verärgerung der Partei beigetreten war, seit Jahren mit der Bonzokratie der NSDAP sich überworfen hat. In Bayern wurde er von den Nazis nur als Aushängeschild benutzt. Ich ordne nun also an, daß der Fahrer des Wagens auch noch einen Ausweis für Epp mitbekommen soll.

Auf dem Weg nach der Prinzregentenstraße hatte ich nichts Außergewöhnliches eruieren können. Auch im Gebäude weiß man nichts Näheres. Ich erkundige mich fernmündlich in Fürstenfeldbruck, wo ich die Auskunft erhalte, ein Hauptmann Gerngroß habe das »Freie Bayern« ausgerufen. Von einer Verbindung dieses zu Epp habe ich nie etwas vernommen, eine Beteiligung Epps an der Sache dünkt mich somit doch unwahrscheinlich.

Ich fahre zuerst nach Föhring-Freimann zum Stabe Luftflottenkommando 6, dann nach Wasserburg weiter. Wenn es auch noch früh ist, liegen die Straßen doch wie immer, man bemerkt auf ihnen weder Unruhe noch andere Besonderheiten. Auf dem flachen Lande bietet sich dem Auge nachher auch nichts irgendwie Auffallendes dar.

In Wasserburg-Gabersee sind Teile des OKL untergebracht, die der Generalquartiermeister von Criegern leitet. Ich halte dort, weil eine ganze Reihe von Angelegenheiten dienstlicher Natur, die durch die Ereignisse notwendig wurden, besprochen und angeordnet werden müssen. General von Criegern meldet mir, daß am Morgen in Wasserburg ein Putschversuch stattgefunden hätte, die Geschichte sei kindisch und gleich wieder vorbei gewesen. Die lokalen Behördenvertreter und der Ortskommandant seien eben auf dem Wege zu ihm, ich könne sie gleich selbst hören.

In der Tat kommen die Genannten in kurzer Frist. Criegern stellt sie mir und mich ihnen vor, sie sind sichtlich von meiner Anwesenheit – in der sie vermutlich eine Gefahr wittern – unangenehm berührt und

drücken sich wie scheue Buben in die Ecke. Es ist gar nicht leicht, sie dahin zu bringen, daß sie sich setzen.
Der Ortskommandant ist ein bejahrter Oberstleutnant vom Heer, der folgendes schildert: »Heute morgen sei ein Mann namens Estermann zu ihm gekommen, habe ihm gesagt, das ›Freie Bayern‹ sei ausgerufen, nunmehr Revolution und in Wasserburg er, Estermann, jetzt Führer. Doch möchte er Blutvergießen vermeiden und deshalb verhandeln.« Der Oberstleutnant hat den Estermann weggeschickt, um den Landrat, den Kreisleiter und den Ortsgruppenleiter zu holen, die »beim Verhandeln dabei sein müßten«.
Ich frage: »Warum haben Sie den Estermann denn nicht gleich festgenommen, dann war doch schon alles zu Ende?«
»Ja«, sagte der Oberstleutnant, »ich wollte die Hintermänner herauskriegen, darum mußte ich doch verhandeln.«
»Ist der Estermann wiedergekommen?« frage ich.
»Ja«, sagt der Oberstleutnant, »und er hat Landrat, Kreisleiter und Ortsgruppenleiter selbst mitgebracht. Wir haben dann einen Aufruf an die Bevölkerung gemacht und ihn alle gemeinsam unterschrieben.«
»Und wo ist der Estermann jetzt?«
»Ja«, sagt der Oberstleutnant, »nun ist er weg, nun ist er uns eben ausgekommen. Wir wollten ihn festhalten, er war in der Kommandantur im ersten Stock. Unten an die Tür, damit er da nicht herauskonnte, hatten wir einen Oberleutnant gestellt. Aber da mußte der Estermann austreten, und seitdem ist er weg.«
»Wo ist denn Ihr ... Austreteraum?«

»Im Erdgeschoß.«
»Und da sind Fenster und die gehen in den Hof?«
»Ja, Fenster sind da schon.«
»Na, dann ist der Herr Estermann eben hinausgestiegen und fortgegangen.«
Meine Besucher machen große Augen, und ich muß laut lachen.
Dann geraten sie aneinander und debattieren, wer von ihnen die Schuld hat, daß der Estermann jetzt verschwunden ist.
Ich unterbreche sie und erkundige mich: »Wer ist der Estermann eigentlich? Ist das ein Pfarrer? Ich hatte einmal einen Religionslehrer, der heißt Estermann und ist hier irgendwo in der Nähe.«
»Nein, ein Pfarrer ist es nicht«, sagt der Landrat. »Estermann war früher Kommunist, lange in Rußland und dort geschult. Dann kam er zurück und ist zur Partei gegangen.«
»Aber dann mußten Sie ihn doch kennen und auf ihn achten?«
»Der Estermann, Herr General, galt als ganz sicher«, wird mir zur Antwort. »Ich muß Ihnen etwas sagen, was niemand außer mir und dem Kreisleiter weiß, man darf nicht darüber sprechen. Der Estermann war der Agent der Gestapo im Bezirke Wasserburg.«
Da bleibt einem doch die Sprache weg. Auf solche Art und Weise bekommt man Einblick in die Methoden der Partei und Gestapo. Solche Kreaturen werden benutzt, und der Kerl hat sicher andere angeprangert und ins Unheil gestürzt. Und jetzt will er sich als Befreier aufspielen. Tolle Schweinerei!

Ich lasse die Herren gehen, sie tun es erleichtert. Criegern und ich amüsieren uns über die Schildbürger. Nachdem ich diverse andere Dinge erledigt habe, will ich, gerade im Zuge, auch noch eine weitere Sache bereinigen, die ebenfalls zur Illustration der inneren Parteipolitik dienen mag. Im Januar etwa war eine Auflockerung der großen Stäbe der Oberkommandos durchgeführt worden und das im wesentlichen nach Süddeutschland hin, wobei keine Anlagen benutzt werden durften, die nicht schon bisher für den betreffenden Waffenteil – Heer, Luftwaffe, Marine – in Anspruch genommen waren. Wir hatten den Stab eines Fliegerkorps in Gabersee bei Wasserburg gehabt und verlegten dahin nun einige Ressorts des OKL. Verfügungsberechtigt über Gabersee war der bekannte Münchner Parteifunktionär Christian Weber, der es ursprünglich an Ley für dessen Zwecke verpachtet hatte, aber gern geneigt war, Ley gegen uns zu vertauschen.

Nachdem ich größere Abteilungen des OKL in Gabersee untergebracht hatte, schaltete sich Bormann ein und verlangte das Quartier für die Parteikanzlei. Ich verweigerte das, woraufhin Bormann zu Göring ging, der in völliger Unkenntnis der Zusammenhänge willfahrte und zusagte, wir würden wieder räumen. Das fiel mir gar nicht ein und konnte auch nicht geschehen, wenn meine Dienststellen dadurch nicht arbeitsunfähig werden sollten. Bormann bot uns als Ersatz einen alten Schloßkasten in Niederbayern an, der weder Bahnanschluß noch Nachrichtenverbindungen hatte, nicht heizbar war und vielleicht für eine Oberförsterei ausreichen konnte. Er drohte und tobte, aber ich kümmerte mich nicht

darum, sondern antwortete lediglich, wenn man uns hinausschmisse, würde das OKL seine Tätigkeit eben einstellen.
Da empfand Ley von frischem Geschmack an Gabersee, verbündete sich mit Bormann und ventilierte, seine Ordensjunkerschulen dahin zu verlegen. Er wandte gegen mich alle möglichen Mittel an, aber keines verfing. Worauf er zu Hitler lief und zu ihm sagte: »Es ist gar nicht wahr, daß die Luftwaffe Gabersee aus sachlichen Gründen braucht. Aber ein Oberst vom OKL hat dicht daneben ein großes Schloß, und der Koller hat in der Nähe einen großen Besitz, daher will der Koller unbedingt nach Gabersee. Nur ganz egoistische Gründe sind für sein Beharren maßgebend.«
Ley behauptete, diese Informationen von einem Verwalter S. in Gabersee zu haben. Sie waren erstunken und erlogen, dazu Ausgeburten einer gemeinen Niedertracht. Faktisch besitzt ein Oberst der Luftwaffe, der aber gar nicht zum OKL gehört, in der Nähe von Gabersee ein kleines Obstgut mit einem Wohnhaus: das ergaben erst meine Nachforschungen. Und was meinen »großen Besitz« anbetraf, so bin ich der Eigentümer eines Riesenareals von ⅓ Hektar Wiese in meinem Geburtsort Glonn, der die Kleinigkeit von 40 Kilometer von Gabersee entfernt liegt. Zudem befindet sich das Hauptquartier des OKL in Süddeutschland in Berchtesgaden.
Da ich nun einmal zur Stelle bin, knöpfe ich mir den Verwalter S. vor, sage ihm auf den Kopf zu, was Ley dem Hitler berichtet hat und füge hinzu: »Das haben Sie dem Ley gesagt.«

S. bestreitet das, wiederholt immer von neuem: »Nein, ich habe Ley nichts gesagt.«
Ich knete auf dem Verwalter herum, kann aber nichts aus ihm herausbringen. Schließlich reißt mir die Geduld, ich rufe mir einen Schreiber und betone, daß ich jetzt einen Funkspruch an Ley diktieren werde, des Inhalts, daß S. ihn nicht derart unterrichtet hätte und Ley demnach als Lügner zu gelten habe.
Darauf wird S. knieweich und rückt mit der Wahrheit heraus.
»Gesagt habe ich dem Ley nichts, aber geschrieben habe ich ihm.«
Ich frage scharf, wie er zu diesen falschen Angaben gekommen sei.
Er erwiderte, er habe »das so gehört«.
Von wem?
Das will er nicht mehr wissen. (Wohl bestellte Arbeit von Bormann-Ley.)
Solche Leute sind das. Sie scheuen vor den infamsten Verleumdungen nicht zurück, gleichgültig, ob sie damit anständige Menschen oder eine wichtige Sache zu Fall bringen.
Der Schluß des Gesprächs ist eine durchaus einseitige Ansprache an den »Herrn« S. Ich kann die Worte nicht niederschreiben. Aber ich glaube, daß ich noch niemals jemanden derartig beschimpft habe. Das ganze Haus kam in Aufregung.
Um 19 Uhr bin ich zu einem kurzen Besuche auf dem Wege nach Berchtesgaden bei meiner Familie. Meine Frau und meine Kinder sind überglücklich, daß ich heil von dem Ausflug in den Norden zurückgekehrt bin. Es

war doch eine verdammt kitzlige Geschichte. Fahre in der Nacht weiter nach Berchtesgaden.

29. April: Seit 66 Stunden habe ich nun ganze 11/2 Stunden auf dem Sofa in Rechlin geschlafen. Zum Wachhalten und Aufpeitschen immerzu Bohnenkaffee und Nikotin. Das Gesündeste ist das gerade nicht.
Ich muß mich zunächst mal ein bißchen hinhauen, bevor es in dem Trott weitergeht. Gott sei Dank bin ich schnell erfrischt und rasch wieder mobil.
Meine Untergebenen freuen sich, daß ich aus dem Rachen herausschlüpfen konnte. General Schulz sagt mir: »Wir haben für Ihr Leben keinen Pfennig mehr gegeben und damit gerechnet, daß Bormann Sie in Berlin würde beseitigen lassen.«
»Das wäre ganz leicht möglich gewesen«, erwidere ich, »und kein Mensch hätte etwas davon gemerkt. Aber eure Bedenken hättet ihr mir auch früher sagen können.«
Von Schulz erfahre ich, daß Göring und seine Umgebung vom Obersalzberg fortgebracht worden seien. Wohin – unbekannt. Es läuft das Gerücht, daß Göring durch Hitler zum Tode verurteilt sei.
Währenddessen meldet sich Oberst Wolter, der am 23. 4. als Generalstabsoffizier zu Göring auf den Berg entsandt worden war. Er war vom SD mit Göring und Umgebung verhaftet worden, ist jetzt wieder in Freiheit gesetzt. Ich befrage ihn wegen Göring und er sagt: »Das Gerücht trifft in der Form nicht zu. Göring hat am 23. April abends außer dem ersten Funkspruch Hitlers (den auch ich erhalten habe) noch ein zweites Telegramm über die Dienststelle Bormann bekommen, das dem Sinne nach

lautete: Auf Ihrer Handlungsweise steht die Todesstrafe. Wegen Ihrer großen, früheren Verdienste sehe ich von der Durchführung eines Verfahrens ab, wenn Sie auf Ihre Ämter und Würden freiwillig verzichten. Anderenfalls andere Schritte getan werden müssen. Unterschrift: Adolf Hitler.«

Wolter bezeichnet das als glatte Bedrohung mit dem Tod. Damit hat er unzweifelhaft recht. Er erzählt mir dann noch von dem Zustand auf dem Berghof nach dem Bombenangriff. Man habe alles im Bunker zusammengetrieben und dort gehalten. Männlein und Weiblein, die sanitären Verhältnisse seien abscheulich gewesen.

Der Lagevortrag ergibt, wie vorauszuschauen, einen miserablen Verlauf an sämtlichen Fronten. Der Angriff der 12. Armee südwestlich Berlin gewinnt offensichtlich kein Terrain. Das OKW bringt Befehle über die sogenannte »Alpenfestung« heraus. Danach sollen Führungsstäbe und kämpfende Truppen in den Alpenraum, man will die Verproviantierung sichern, Industrien, Munitionsanstalten hineinziehen. Rückwärtige Teile, die bereits nach Tirol ausgewichen sind, sollen wieder heraus, wertvolle Gefangene sollen dafür hineingebracht werden.

Das ist doch kompletter Unfug! In Tirol ist alles mit Lazaretten, Verwaltungen, rückwärtigen Diensten vollgepfropft, dazu mit Staats- und Parteistellen, die ins Gebirge davongelaufen sind. Die Verpflegung reicht für etwa 3 Wochen.

Wollte man die Alpen verteidigen, als eine natürliche Festung, hätte man das längst und nicht wie jetzt über den Daumen gepeilt, aufbauen müssen. Nun kann man

gar nichts mehr machen. Diese angebliche Festung ist absolut unvorbereitet, ohne Geschütze und Nachschubbasen. Die herangerufenen Truppen sind für den Krieg in solchem Gelände ungeschult. Sicher sind die Alpen ein Gebiet, das man an sich wirksam verteidigen kann, aber dazu bedarf es eingehender Vorbereitungen, einer Umstellung vom Motor auf das Saumtier, einer Verlagerung von Rüstungsbetrieben in Höhlen und Stollen, einer Armee-Spezialausbildung, unterirdischer und gefüllter Proviantdepots. Unter den derzeitigen Umständen kann man das Versäumte weder nachholen noch sich mit Improvisation behelfen. Diese Festung sackt zusammen, ehe sie noch steht.
Nachmittags Funkspruch vom Verbindungsstab Christian: »Hanna Reitsch gelandet.« Schön, aber wo ist Greim?
Schon ein zweiter Funkspruch von Christian: »v. Greim gelandet.« Einzelheiten fehlen, ich vermute, daß sie in Rechlin sind. Ich erteile Auftrag, anzufragen, wohin Greim sich begeben wird.
Dann unterrichte ich Frau v. Greim, die ich im Moment freilich nicht telefonisch erwischen kann, und die Schwester von Hanna Reitsch. Ich hatte ihnen bereits vormittags die Grüße bestellt und die Auskünfte erteilt, die ich mitbekommen hatte. Sie werden froh sein, daß das Herauskommen geglückt ist. Ich bin es auch.

30. April: Daß Göring und seine Umgebung von Berchtesgaden abtransportiert worden sind, bestätigt sich. Wann das geschah, ist nicht genau zu ermitteln. Als Ziel soll Salzburg genannt worden sein.

Oberst Wolter glaubt, daß die Offiziere, die bei Göring waren, in ein Salzburger Gefängnis eingeliefert wurden, Göring und Bouhler seien wahrscheinlich nach Mauterndorf – südlich der Radstädter Tauern – geschleppt.
Mittags erscheinen zwei Zivilisten, die angeben, sie seien Kriminalbeamte, die zum persönlichen Schutze Görings gehört hätten. Kaltenbrunner habe sie ablösen lassen und sie sollten sich jetzt bei der SS »zur Frontbewährung« melden. Sie kämen direkt von Göring und hätten mir auszurichten, daß er sehr böse auf mich sei. Sie erklären: »Der Reichsmarschall fühlt sich von Ihnen, Herr General, verraten und verkauft. Er sagt, daß er sich nicht in dieser Lage befinden könnte, wenn Sie zu der Meldung stünden, die Sie ihm am 23. April gemacht haben.«
Ich weiß nicht, wer die beiden sind, sie behaupten jedoch, mich zu kennen und oft im Luftwaffen-Hauptquartier und bei Göring gesehen zu haben. Es ergibt sich ein Katz- und Mausspiel. Wer garantiert mir, daß es nicht Spitzel sind, die mich aushorchen sollen?
Dann aber scheinen sie mir doch harmlos zu sein, und ich gebe ihnen eine Übersicht. Welch ein Unfug, diese Leute jetzt zur SS an die Kampffront zu schicken!
Nachmittags habe ich eine Konferenz mit General Winter – OKW Stab Süd – am Königssee. Bei der Rückfahrt fällt mir ein, daß Greim, falls er eintreffen sollte, doch irgendwo untergebracht werden müsse.
Vielleicht geht das in den Baulichkeiten des Stabsamtes von Göring. Mein Auto lenkt in den Hof des Gebäudekomplexes, als es schon dunkelt. Außer meinem Fahrer

ist noch mein Truppenarzt, Stabsarzt W., bei mir im Wagen.

Ich hege die Absicht, den Ministerialrat Görnert zu sprechen, um mit ihm die Quartierfrage Greims zu regeln. Wie ich bereits aus dem Auto gestiegen bin, sehe ich in der Dämmerung 6 Kraftwagen auf dem Hof, die Kühler in Richtung Ausfahrt gerichtet. Gleichzeitig erkenne ich bei näherem Hinsehen Nummernschilder der SS.

Donnerwetter, was ist nun hier wieder los? Was sucht die SS in diesem Gelände? Es ist besser, man kommt unbehelligt wieder heraus. Jedenfalls erscheint es mir keineswegs ratsam, die Gebäude im Augenblick zu betreten. Auch mein Fahrer hat bemerkt, daß etwas nicht stimmt. Ich weise ihn leise an, nach dem Ausgangstor zu wenden und mich dort zu erwarten. Dann schlendere ich unauffällig, ganz harmlos zu den SS-Wagen und betrachte sie mir. In jedem außer dem Chauffeur zwei Bewaffnete. Das riecht sengerig und gefällt mir nicht. Ich wandere langsam über den Hof bis zum Pförtner, erreiche das Tor, springe in mein Auto, und wir brausen ab.

Aber nur bis zur großen Kurve beim Hotel »Berchtesgadener Hof«. Hier lasse ich im Dunkeln stoppen und schicke den Stabsarzt zum Haus Geiger, damit er feststellt, ob ich in meinem Quartier womöglich auch wieder von SS im Hinterhalt empfangen werden soll. Mir ist fast wie einst beim kindlichen Indianerspiel. Nur war damals Spiel, was heute gefährlicher Ernst ist.

Nach einer Weile kommt der Stabsarzt zurück, mein Gefechtsstand sei frei, aber Fräulein W., meine Sekretä-

rin, sehr aufgeregt, habe gesagt, sie müsse mich sofort dringend sprechen.
Ich begebe mich ins Haus Geiger, wo Fräulein W. mir mitteilt: Oberst von Brauchitsch habe ein paarmal angerufen und eiligst nach mir verlangt. Er sei im Stabsamt unter SS-Bewachung, man habe ihm aber zu telefonieren erlaubt. Auch Oberst Wolter habe angerufen, dringend um eine Benachrichtigung gebeten und gesagt, ich könnte ein gutes Werk tun, es handle sich um Menschenleben.
Fräulein W. bringt das alles sprudelnd hervor und fügt in ihrer Sorge hinzu: »Herr General, bitte bitte, tun Sie gar nichts, um Gotteswillen verschwinden Sie – Sie setzen sich immer ein und werden dabei dann selbst in die größte Gefahr gezogen.«
»Nur Ruhe, ich komme schon wieder aus der Klemme heraus«, sage ich. »Da ich aber nicht weiß, was vorgeht, werde ich von einer Stelle aus sprechen, wo man mich nicht vermutet, so daß ich nicht lahmgelegt werden kann. Ich fahre deshalb nach Strubb zu General Schulz. Sie selbst wissen nicht, wo ich bin, erzählen, wenn man Sie fragt, einfach, ich sei noch nicht wieder zurück. Von Schulz aus werde ich Erkundigungen einziehen und auch über Schulz anordnen und führen. Was Schulz sagen und durchgeben wird, geschieht in meinem Auftrag. Meine Anwesenheit bei Schulz aber wird verleugnet. Sie schweigen gegen jedermann!«
Ungesehen komme ich nach Strubb. Dort über eine Hintertreppe in das Kommandogebäude von Schulz. Ich schicke meinen Fahrer wieder weg und bestelle ihn für eine Stunde später. Auch er darf angeblich nicht wissen,

wo ich mich befinde, und ist, wenn man sich an ihn wenden sollte, unterwegs, mich zu suchen.
Beim Betreten des Vorzimmers von Schulz schließe ich zunächst die Türe hinter mir ab. Der im Raum sitzende Schreiber des Stabes reißt erstaunt seine Augen auf. Ich nehme ihn mit in das Zimmer zu Schulz. Bei ihm höre ich, daß sowohl er wie auch Wolter in der Zwischenzeit, da ich nicht erreichbar gewesen, wiederholt aus dem Stabsamt von Brauchitsch angerufen wurden. Schulz holt telefonisch Wolter herbei. Es ergibt sich folgender Tatbestand: Die Offiziere aus der Umgebung Görings, die man erst ins Salzburger Gefängnis gesperrt hatte, erhielten von Kaltenbrunner die Aufforderung, schriftlich ihren freiwilligen Übertritt zur SS zu erklären. Sie haben das abgelehnt. Es handelt sich um Oberst im Generalstab von Brauchitsch, Oberstleutnant im Generalstab Teske, Major Nülle und Hauptmann Klaas. Nach ihrer Weigerung hat Kaltenbrunner angeordnet, die Offiziere seien sofort zwangsweise »zur Frontbewährung« zu SS-Einheiten in den Kampfraum Wien zu verbringen.
Sie sind gegenwärtig im Stabsamt, um sich dort feldmäßig auszurüsten, stehen unter Bewachung und sollen in der Nacht fortgeschafft werden. Mit großer Mühe konnten sie die begleitenden Wachmannschaften hinhalten, um die Gespräche zu führen.
Wir beraten rasch, dann läßt sich Schulz mit dem Stabsamt verbinden und sagt Oberst von Brauchitsch wie auch dem verantwortlichen SS-Führer (ich selbst habe den zweiten Hörer am Ohr und Schulz spricht nach meinen Weisungen): »Ich habe eben den Chef des

Generalstabs erreicht, er trifft in Kürze hier ein oder ist durch mich zu erreichen. Der Chef des Generalstabes bezeichnet die Maßnahmen der SS als einen unerträglichen Eingriff in die Hoheitsrechte der Luftwaffe. Er verbittet sich derartige Maßnahmen und wird sie mit allen Mitteln verhindern. Es darf auf keinen Fall abgefahren werden, bevor nicht der Chef des Generalstabes hier ist.«

Der SS-Führer schwankt, worauf Schulz ihm in meinem Auftrage andeutet, der Chef des Generalstabes habe geäußert, er würde nunmehr Gewalt brauchen, wenn die Übergriffe der SS und des SD nicht unverzüglich aufhörten.

Der Vorteil ist für uns momentan der, daß wir uns in Ruhe darüber klar werden können, was tun. Wolter, der mit Brauchitsch vorher genauer sprechen konnte, berichtet mir, daß die Offiziere gern an der Front, allerdings nur bei der Luftwaffe, kämpfen würden, aber jedoch ernstlich befürchten, das Ganze, was hier mit ihnen gemacht werde, sei nur ein Trick, um sie bei passender Gelegenheit umzulegen und dann als gefallen oder vermißt zu melden.

Damit muß man nicht nur als wahrscheinlich rechnen, sondern als ziemlich sicher. Indes ist auch ohne das der brutale Gewaltversuch Kaltenbrunners ein Akt, der mit allen Kräften abgewehrt werden muß. Dabei kann nur insofern ein Zweifel obwalten, ob man gleich auf dieselbe Weise reagieren oder es noch mal friedlich probieren soll. Bei Gewaltanwendung besteht immer die Gefahr, daß im Augenblick ihres Wirksamwerdens sich die Gegenseite an den in ihren Händen befindlichen

Opfern vergreift. Daher gehe ich nun selbst ans Telefon und rufe den SS-Führer im Stabsamt an. Das Wichtigste ist, Zeit zu gewinnen, denn ob die SS-Leute einem Befehl von mir folgen werden, dünkt mich sehr fraglich.
Ich bin von vornherein sehr scharf, erhebe empörten Einspruch, betone, daß die Offiziere allein dem Oberbefehlshaber der Luftwaffe unterständen. Weder Kaltenbrunner noch sonst jemand habe sich ein diesbezügliches Recht anzumaßen. Der neue Oberbefehlshaber der Luftwaffe werde sich zu seinem Amtsantritt keinen derartigen unverschämten Übergriff gefallen lassen. Ich sage: »Sie können überzeugt sein, daß er sich beim Führer beschweren wird, und wie ich den Feldmarschall von Greim kenne, wird er eher sein Amt zur Verfügung stellen als solche Schweinerei hinnehmen. Die Entscheidung von Greim, die ich durch Funk anfordere, damit Sie beruhigt sind, muß auf alle Fälle abgewartet werden. Vorher darf nichts geschehen. Die Offiziere sind der Luftwaffe, das heißt mir zu übergeben.«
Der Leiter des Bewachungskommandos erwidert, er könne das nicht, da sonst er zur Verantwortung gezogen werde.
»Wenn Sie die Offiziere nicht herausgeben können, leisten Sie dafür Bürgschaft, daß sie auf keinen Fall weggebracht werden, nach Wien oder sonstwohin zur SS. Ich bin gewillt, jedes Mittel, auch Gewalt anzuwenden, um das zu verhindern, bis eine Entscheidung von Greim da ist.« Der SS-Führer verspricht, er werde die Offiziere wieder nach Salzburg schaffen und nicht weiter disponieren, bis ich die Antwort von Greim übermittelt habe.

Ich habe den Eindruck, daß er es ehrlich meint. Aber ich künde ihm trotzdem an, daß ich seine Maßnahmen überwachen lasse und mich fortdauernd im Bilde halten werde, daß er bei seiner Versicherung bleibt.
Schulz orientiert gleicherweise Brauchitsch, damit der auf mich sich stützen und auf Greims kommende Entscheidung pochen kann.
Damit scheint uns das im Moment Notwendigste erzielt. Ich bin davon durchdrungen, daß Greim meine Einstellung teilen wird. Freilich weiß ich gar nicht, ob und wo er gegenwärtig zu erreichen ist. Der Funkspruch kann demnach nur an Verbindungskommando Christian abgesetzt werden. Zur Sicherheit gebe ich voraus durch Funk an das Verbindungskommando, daß Funkspruch an Greim zu erwarten und daß ich unbedingt zusagenden Entscheid zu meinem Vorschlag erwarte.
Der Funkspruch für v. Greim lautet dann: »Kaltenbrunner hat angeordnet, daß Offiziere des Stabsamtes Reichsmarschall zur SS im Raum Wien zu überführen sind zur Frontbewährung. Lehne diesen unerhörten Eingriff in Hoheitsrechte der Luftwaffe ab. Die Offiziere sind der Luftwaffe zurückzugeben ... Erbitte Einverständnis.«
Im Haus Geiger hat unterdessen Göring von Mauterndorf bei meiner Sekretärin antelefonieren und ausrichten lassen: »Wenn der Koller kein Schwein ist und nur einen Funken Anstand im Leibe hat, dann kommt er morgen früh zu mir.«
Ich bin gerade von Schulz wieder weggefahren, als dort eine dem Sinne nach ähnliche Botschaft anlangt.
»Schwein« – über meine Sekretärin – großartig!
Wie aber denkt sich Göring das? Ich brauche, um von

hier zu ihm und wieder zurück zu kommen, mindestens 24 Stunden. So lange kann ich meinen Posten jetzt unmöglich verwaist lassen. Der neue Oberbefehlshaber der Luftwaffe ist zudem nicht auffindbar, er meldet sich jedenfalls nicht. *Ein* Verantwortlicher muß ja schließlich vorhanden und erreichbar sein und die Führung behalten. Überdies kann ich auch für Göring hier Nützlicheres tun, als wenn ich mit meinem Wagen auf vereisten und verschneiten Straßen und Pässen herumliege.

Kaum bin ich wieder im Haus Geiger, bekomme ich Anruf von einem Offizier aus dem Hauptquartier des Oberbefehlshabers West: »Die im Süden haben in unserem Rücken kapituliert, ohne dem Feldmarschall Kesselring Kenntnis zu geben.«

»Wer im Süden?«

»Heeresgruppe Süd, Vietinghoff, Röttiger, der SS-Wolff und der General von Pohl haben gemeinsam kapituliert. Der Feldmarschall ist wütend, weil unser Rücken aufgerissen, und hat den General Sch. in Marsch gesetzt, um Vietinghoff abzulösen, läßt Vietinghoff, Röttiger und den Wolff festnehmen. Der Feldmarschall erkennt die Kapitulation nicht an. Er ist der Ansicht, daß auch gleicherweise gegen Pohl vorgegangen werden muß und verlangt von Ihnen, daß Sie das Notwendige veranlassen.«

»Wissen Sie«, sage ich zu dem Betreffenden, »so wie die Lage ist, kann Pohl nicht selbständig handeln. Wenn das Heer kapituliert, muß er wohl mitmachen, er kann doch nicht alleine weiterkämpfen. Aber wenn der Feldmarschall will, werde ich die Sache mal nachprüfen.«

Da der »General der Flakartillerie beim Reichsmarschall«, General Pickert, gerade bei mir und dieser sonst keine Verwendung mehr hat, entsende ich diesen nach dem Süden zu Pohl, mit dem Auftrag, die Beteiligung Pohls festzustellen. Falls Lage und Verhalten Pohls unklar, solle er diesen zu mir schicken – mehr zu dessen eigener Sicherheit gedacht – und selbst die Führung der Luftwaffenteile übernehmen. Wenn die Handlungen Pohls im ganzen in Ordnung, solle er wieder zu mir zurückkommen und schriftliche Meldung von Pohl mitbringen.

Obwohl ich mit der Vertretung des Oberbefehlshabers der Luftwaffe mit allen Vollmachten beauftragt bin, will ich als Chef des Generalstabes weder disziplinare noch gerichtsherrliche Befugnisse übernehmen und beauftrage daher den Generaloberst Deßloch (als Nachfolger v. Greims nun Oberbefehlshaber der Luftflotte 6) der Form nach, die Nachprüfung durchzuführen. Der »General der Flakartillerie« bekommt Weisung, auf seiner Fahrt nach Süden zuerst bei Deßloch vorbeizufahren.

Dann ordne ich noch an, daß eine erstklassige, motorisierte Luftnachrichtenkompanie in Tirol, möglichst aus dem Radstädter Tal, schleunigst nach Mauterndorf in Marsch gesetzt wird. Soll sich dort bereithalten, Bewachung und Schutz von Göring und Begleitung zu übernehmen, besonders auch nach außen, gegen Banden und dergleichen.

1. Mai: Um 11 Uhr meldet sich Amtmann Gerch, ein Abgesandter Görings, bei mir. Er kommt von Mauterndorf und berichtet, Göring sei auf mich sehr böse, weil er glaubt, daß ich ihn verraten hätte, entweder nicht zu

meiner ihm gegenüber geäußerten Meinung stünde oder ihn gar am 23. April falsch informierte, um ihn hereinzulegen.
Ich kann begreifen, daß er, abgeschlossen und ohne jede Unterrichtungsmöglichkeit, auf solche Gedanken gerät. Andererseits beweist er damit wieder einmal seinen geringen Grad an Menschenkenntnis.
Der Abgesandte ist von Mauterndorf her zu mir einen vollen Tag unterwegs gewesen, die Pässe liegen noch in Eis und Schnee. Die Straßen sind mit Kolonnen und Fahrzeugen dicht belegt. Es ist nur schwer durchzukommen.
Damit ist meine Ansicht bestätigt, daß ich jetzt keinen Abstecher nach Mauterndorf unternehmen kann. Ich erkläre Gerch alles, was ich im Interesse von Göring getan habe und tun konnte, damit er ihn entsprechend zu unterrichten vermag. Außerdem schicke ich zum Schutz noch Görings Eisenbahnflak-Begleitzug nach Bischofshofen.
Der nächste Besucher ist um 12 Uhr der Chef des Kommandostabes des Reichsführers SS in Salzburg. Ich habe diesen Brigadeführer bisher nur einmal gesehen und von ihm nichts Ungünstiges gehört. Dennoch, Vorsicht! (Ich schreibe das, während er mir am Tische gegenübersitzt.)
Es ist weniger ein Gespräch als ein Abtasten mit halben Sätzen. Wir tauschen allgemeine Redensarten. Allmählich wird unsere Unterredung flüssiger. Das dadurch, daß mein Gast sich nicht mit Kaltenbrunner verträgt. Er sagt außerdem: »Bormann schickt nur Haßgesänge durch die Luft.«

Wir sprechen über den Fall der Offiziere des Stabsamts. Mein Besucher erwähnt, er habe deren Bewachung in Salzburg auf eigene Faust dem SD abgenommen und der Waffen-SS übergeben, und zwar, um das Leben der Verhafteten zu schützen. Als Begründung gibt er wörtlich an (ich stenografiere mit): »Bormann hat gestern am 30. 4. an seine Leute auf dem Obersalzberg einen Funkspruch etwa folgenden Inhalts gerichtet: ›Lage in Berlin verschärft sich. Falls Berlin fällt und wir fallen, haftet Ihr mit Eurer Ehre, Eurem Leben und Eurer Sippe dafür, daß die Verräter vom 23. 4. samt und sonders sofort liquidiert werden. Männer, tut Eure Pflicht!‹«
Vielleicht hat der Brigadeführer es mit der Änderung der Bewachungsmannschaft wirklich gut gemacht. Aber wem kann man hier wirklich trauen?
Ich frage: »Welches ist der Personenkreis, der unter den Verrätern vom 23. 4. gemeint ist? Bin ich auch dabei?«
Man muß verflucht auf der Hut sein, die Kerls um Bormann zählen mich sicher zu dieser Verschwörung, die nur in ihrer Einbildung existiert. Aber das ist ihnen in ihrer Gemeinheit wohl gleichgültig. Mein Gegenüber kann mir die Frage nicht beantworten. Aber er sagt, er glaube nicht, daß noch etwas geschähe. Die SS sträube sich gegen Bormann, der überall verhaßt sei. Er wolle seinerseits auch dafür sorgen, daß Göring nichts zustoße.
Schließlich kommen wir dahin überein, daß er die Offiziere des Stabsamtes in Salzburg zu mir entlassen solle.
Um 14 Uhr erhalte ich die Nachricht, daß Dönitz mit der obersten Führung beauftragt sei, unterzeichnet ist der

Funkspruch von Bormann. Mir geht er vom OKW-Stab Süd zu, an das OKL ist er nicht abgesetzt worden.
Hitler ist tot!
Vom Verbindungsstab Christian liegt jetzt auf meinen Funkspruch an Greim die Erwiderung »Einverstanden« vor. Ich gebe das gleich nach Salzburg weiter und verlange nochmals die Entlassung dieser Offiziere zu mir.
Um 18 Uhr langt bei mir im Haus Geiger ein verstaubter und übermüdeter Mann an. Er stellt sich vor als Standartenführer Brause, Führer der SS-Bewachung Görings in Mauterndorf, und hat 36 Stunden gebraucht, um bis Berchtesgaden zu kommen.
Wir kennen uns nicht und fühlen uns daher zunächst einmal ab. Wer ist Brause? Ein gefährlicher Agent von Bormann? Aufrichtiger, anständiger Kerl? Man beschnuppert sich gegenseitig wie die Hunde.
Brause berichtet mir dann, er habe sich mit seinem Gefangenen auf langen Spaziergängen sozusagen angefreundet und sei von dessen Darlegungen beeindruckt. Auch sei Göring sicher verleumdet worden. Darauf fragt er: »Was werden Sie tun, Herr General?«
Ich erteile ihm keine direkte Auskunft, wir jonglieren so hin und her. Da sagt Brause: »Wollen Sie Göring nicht mit Gewalt befreien? Sie haben mehr Truppen als ich.«
»Ich wünsche nicht Gefahr zu laufen, eine Leiche zu befreien«, entgegne ich.
Brause sagt: »Ich bin sehr dankbar dafür, denn ich kann im Falle eines Angriffes von außen doch nicht für jeden meiner Leute garantieren. Aber wenn von Ihnen, Herr General nichts unternommen wird, versichere ich, daß

Göring nichts geschehen soll und ich ihn und seine Umgebung schützen werde. Ich bitte jedoch alles zu tun, daß Göring in Freiheit gesetzt wird.«

Danach bringt er seinerseits die gleichen Klagen Görings gegen mich vor, die mir bereits bekannt sind. Ich kläre ihn über den wahren Sachverhalt auf und händige ihm Durchschläge meiner diversen Meldungen aus, damit er sie Göring gibt. Und wir trennen uns im besten Einverständnis.

Als Brause wieder fort ist, wird spät abends wieder von Mauterndorf angerufen. Göring möchte mich dort sprechen, ich kann jedoch auf Grund der militärischen Lage nicht hin und sage, daß alles erforderliche Unterlagenmaterial bereits zu ihm auf dem Weg sei.

Dann telefoniere ich mit Feldmarschall Kesselring. Ich bitte ihn, in seiner Eigenschaft als ranghöchster Offizier im Südraum, Göring zu enthaften. Eigentlich ginge das Greim an, aber er ist noch nicht da. Mit Kesselring habe ich ein längeres Gespräch. Er sieht die Berechtigung und Dringlichkeit meines Ansuchens ein, will indes vorher eine Entscheidung von Dönitz einholen.

In Italien wird kapituliert. Kesselrings Stabschef teilt mir mit, daß der Feldmarschall nunmehr die Kapitulation in Italien gutgeheißen und Vietinghoff wieder in sein Amt eingesetzt habe. Der Feldmarschall ist jetzt der (richtigen) Meinung, eine Weigerung von ihm würde ein Chaos bei den Truppen heraufbeschwören und uns vom Feinde als Perfidie ausgelegt werden. Die gegen die Beteiligten in Italien angeordneten Maßnahmen sind wieder zurückgezogen, auch ich möge, entgegen dem ursprünglichen Verlangen des Feldmarschalls, nicht

weiter gegen den Kommandierenden General der Luftwaffe in Italien einschreiten.
Ich habe ohnehin nichts gegen General Ritter von Pohl veranlaßt. Ich habe nach der ursprünglich übermittelten Forderung des Feldmarschalls lediglich zu Pohl geschickt, um die Vorgänge nachzuprüfen. Eine Panne ist somit von uns aus nicht zu befürchten.

2. Mai: Ganz früh am Morgen schon treffen die Offiziere vom Stabsamt Göring aus Salzburg ein. Brauchitsch erzählt mir interessante Details, die sich bei der Festnahme des Reichsmarschalls ereigneten.
Der technische Offizier Görings – ein Mann, der von diesem besonders geschätzt und von ihm trotz meiner Warnung und meines Hinweises auf seine charakterlichen Mängel gefördert und gegen meine Weigerung von Göring selbst in den Generalstab versetzt wurde – befand sich in Berchtesgaden und entging dadurch der Festnahme. Kaum hatte er von Görings Verhaftung gehört, als er das Personal des Stabsamtes versammelte, ihm sagte: »Der Reichsmarschall ist festgenommen, maßgebend für uns ist der Führer«, sich darauf in ein Auto schwang und unter Mitnahme von seinem eigenen und teilweise auch dem Gepäck anderer Offiziere verduftete. Ein Verhalten, das mich nicht wundert.
Ganz gegensätzlich ein Hauptmann aus der Umgebung Görings, der, ebenfalls festgenommen, den Bombenangriff auf den Berghof und die dadurch entstandene Verwirrung benutzte, sich schleunigst zu empfehlen, wobei er einen Zettel zurückließ: »Gehe zur Flak an die Front.«

Gut der Hauptmann! Gefällt mir.
Tragikomisch ist die nächste Geschichte. Im Augenblick der Verhaftung Görings ist der Kraftfahrer von Frau Göring zu deren Zofe gegangen und hat von ihr angeblich im Auftrage von Frau Göring die Herausgabe eines Juwelenkoffers gefordert. Die Zofe, in der Meinung, der Schmuck solle in Sicherheit gebracht werden, folgte dem Ansinnen. Seitdem ist der Fahrer mit dem Koffer verschwunden. Er soll in Paris eine französische Freundin haben, deren Bruder als Fremdarbeiter in der Gegend von München ist.
Die Offiziere des Stabsamtes werden von mir nach Mauterndorf gesandt. Ich halte es für eine Anstandspflicht, Göring wieder mit den ihm vertrauten Leuten zu umgeben.
Ich besuche den Feldmarschall Kesselring und bitte unter anderem nochmals darum, die Haft Görings und seiner Familie aufzuheben. Der Feldmarschall glaubt aber hier von einem eigenmächtigen Handeln absehen zu müssen. Der Feldmarschall möchte erst mit Dönitz oder Kaltenbrunner in Verbindung treten. Sage dem Feldmarschall, daß ich Göring nunmehr eine Wache der Luftwaffe gestellt habe.
Eine Lesefrucht, die ich notiere: »Ein Orkan kann Bäume wegfegen, aber nicht das Ganze. Wo die Orkane brausen, schwinden die Herren und machen neuen Gewalthabern Platz. Gleich aber bleibt sich immer das geschichtslose Volk der Dürftigen. Sein Adel ist älter als der älteste Adel auf Erden. Kultur ist nur möglich, weil sie – die Geschichtslosen – ackern, weben und schmieden. Hoch über ihren Köpfen schwebt das

Weltgeschehen wie gewaltige Wolken in einer Landschaft.«
Anderswo las ich: »Man muß Ehrfurcht fühlen vor einem Volk, das kühn für seine Freiheit kämpft. Bewunderungswürdig wie ein Sieg ist eine Niederlage nach tapferer Gegenwehr.«
Man kann viel darüber nachdenken, auch darüber, ob diese Dinge auch auf *uns* zutreffen. Ich weiß es nicht, es gibt überall nur so wenig, im Grunde gar keinen Trost.
Mein Truppenarzt meldet mir eben: »Gestern abend wurde ich in den sogenannten Märchenwald, hinten bei der Ramsau, von Berchtesgaden zu Hilfe gerufen, weil dort mehrere Personen verunglückt sein sollten. Ich fuhr gleich mit dem Sanitätskraftwagen hin und fand im Walde zwei Personen vor, einen Herrn und eine Dame, die anscheinend infolge von Gifteinwirkung bewußtlos waren, während eine zweite, sehr alte Dame, bereits tot war. Die beiden noch Lebenden lud ich ins Auto, um sie nach Reichenhall in ein Krankenhaus zu bringen. In Bischofswiesen wurde ich aber von der Polizei und von SS aufgehalten und trotz meines Protestes unter Waffenbedrohung gezwungen, mit den kranken Personen wieder zu der Stelle zurückzufahren, wo ich sie aufgelesen hatte.
Dort hatten sich inzwischen mehrere SS-Mannschaften und der Landrat von Berchtesgaden eingestellt. Der Landrat forderte von mir die Herausgabe ›der Leichen‹. Ich erwiderte ihm, es handle sich um Menschen, die offenbar durch Gift bewußtlos seien, aber nach meinem Eindruck sehr bald wieder zum Leben erweckt werden könnten, also nicht um Leichen, sondern um Kranke, die

unverweilt in ein Lazarett müßten. Dennoch forderte der Landrat die Herausgabe, sagte aber zu, die beiden in das Bezirkskrankenhaus zu schaffen. Da sein Ersuchen drohend war, habe ich die Kranken herausgeben müssen. Dabei erfuhr ich, daß es sich um den Münchner Gauleiter Gießler und seine Frau handelte. Die bereits tote Dame war die Mutter der Frau Gießler. Sie haben sich alle drei vergiftet, und zwar an derselben Stelle, wo sich Gießler und seine Frau vor 25 Jahren kennengelernt hatten.«

Die letzten Tage

3. Mai: Die Amerikaner rücken näher, das OKW – Stab Süd – verlegt nach Zell am See, Feldmarschall Kesselring nach Saalfelden bzw. Alm.
Auch meine OKL-Staffel verlegt. Allerdings müssen eine Anzahl von Stabshelferinnen und auch Teile der Kommandantur Hauptquartier hier bleiben. Diese Reste werden organisatorisch zusammengefaßt und mit Lebensmitteln versorgt; so erwarten sie die Amerikaner. Ich selbst bleibe mit meiner unmittelbaren Umgebung noch weiter in Berchtesgaden. Eigentlich habe ich gar keine Lust zu räumen und warte bis zuletzt. Außerdem will ich sehen, wie es sich hier weiter entwickelt.
Der Feind steht jetzt am Westufer der Saalach nördlich von Reichenhall und überdies südlich Inzell. Er soll den Flugplatz Salzburg erreicht haben, auf den seine Panzer feuern. Es verlautet, Salzburg habe Kapitulation angeboten.
Es ist nun Nacht. Die Amerikaner sind am Ostrand von Reichenhall. Der Flugplatz Ainring aber ist noch nicht feindbesetzt, der Gegner ist nördlich und südlich daran vorbeigegangen. Ich telefoniere laufend mit dem Kommandanten des Flugplatzes, der mir seine Beobachtungen mitteilt. Rings um ihn steht der Feind, aber auf dem Gelände selbst hat sich noch niemand blicken lassen. Auf

dem Flugplatz herrscht völlige Ruhe, es ist alles zur Übergabe vorbereitet.
Um 4 Uhr funktioniert die Verbindung mit dem Flugplatz Ainring nicht mehr. Entweder ist der Feind jetzt dort eingedrungen, oder es wurde irgendwo die Leitung zerschnitten.
4. Mai: Reichenhall ist um 11.10 Uhr kampflos übergeben worden. Auch der Landrat von Berchtesgaden soll bereits seit der vergangenen Nacht fernmündlich mit den Amerikanern unterhandeln.
Um 14 Uhr bekomme ich die Nachricht, daß die Spitze der feindlichen Truppen – es soll Infanterie sein – in Richtung Berchtesgaden vorrückt und Bayrisch-Gmain erreicht hat. Ob Bodenschatz schon geschnappt ist oder ob er nun dort in »kurzer Wichs« Hausknecht mimt?
Für mich wird es langsam Zeit, abzufahren, sonst bleibe ich in dem Loch stecken. Wir wählen hinter der Ramsau die Alpenstraße, fahren dann über Unken, Lofer, Saalfelden nach Thumersbach am Zeller See.
An der Brücke über die Saalach bei Unter-Jettenberg steht SS, die dort sprengen will. Der Führer des Kommandos teilt mir mit, amerikanische Panzer seien auf der Alpenstraße bis Schneizelreuth, die Brücke über den Weißbach bei Mauthäusl sei gesprengt, der Feind könne nicht herüber. Er habe Infanterie vorgeschickt, die aber durch MG-Feuer abgewiesen worden sei. Ohne Panzerschutz gingen die Amerikaner nicht vor.
Ich frage, ob auch die alte Straße neben der Brücke zerstört sei? Dieser Pfad ist im Bogen in die Felsen gehauen, zwar schmal, aber für Panzer genügt er.
»Nein«, sagt der SS-Führer.

»Also habt Ihr die wertvolle Brücke der Alpenstraße sinnlos und umsonst gesprengt«, erwidere ich. »Jetzt laßt gefälligst das Sprengen der Saalachbrücke sein, es hat doch keinen Zweck mehr.«

Der Mann verweist auf seine Befehle, die er durchführen müsse. Schließlich kann ich ihn überzeugen, daß auch ein weiteres Vernichten das Ende nicht aufhalten kann. Er wird vernünftig und will die geladene Saalachbrücke nicht zünden, es sei denn, daß ihm sein Abschnittskommandeur dies nochmal ausdrücklich befehlen würde.

Die Amerikaner sind im Augenblick keine fünf Autominuten von mir entfernt, doch es bleibt alles ruhig, nirgendwo fällt in den Bergen ein Schuß.

In Thumersbach ist das OKL in einzelnen Villen und Gasthöfen untergebracht. Für mich wurde am Nordrand des Zeller See ein Quartier besorgt, ein mittelalterliches, kleines Schlößchen mit Wehrtürmen und schwer vergitterten Fenstern. Bei der Einfahrt denke ich: nun fehlen bloß noch feindliche Posten, dann ist das Gefängnis fertig.

Ich werde von einer charmanten, jungen Dame begrüßt. Der Besitz gehört dem Bildhauer Thorak, und sie verwaltet in ihm wundervolle und kostbare, alte Möbel sowie die im Garten aufgestellten großen Plastiken, die einst im Münchner »Haus der deutschen Kunst« gezeigt wurden. Man erwägt inzwischen beim OKW – Stab Süd – wieder ein weiteres Ausweichen, entweder ostwärts nach Admont oder etwa nach Hofgastein. Ich finde das überflüssig. Ein wenig mehr oder mindere Entfernung spielt keine Rolle mehr und bringt keinen Gewinn. Ich lehne ab!

5. Mai: Die Bevölkerung, die bisher vom Kriege nicht viel gemerkt hat, ist über unsere Invasion nicht eben begeistert, manche gehaben sich ziemlich unfreundlich. Dem Generalquartiermeister der Luftwaffe, von Criegern, verweigert man in der Villa eines Wiener Musikprofessors nicht nur ein Bett, sondern sogar ein Sofa oder eine Matratze. Man bedeutet ihm, er könne ja auf dem Fußboden schlafen. Criegern in seiner Bescheidenheit tut das auch.
Der »General der Flakartillerie beim Reichsmarschall«, General Pickert, kommt aus Italien zurück und bringt kurzgefaßten schriftlichen Bericht des »Kommandierenden General der Luftwaffe in Italien« und erläutert zu den einzelnen Punkten:
»Erste Fühlungnahme mit den Gegnern soll schon im vergangenen Herbst oder Anfang des Jahres erfolgt sein mit einem Bevollmächtigten Roosevelts in der Schweiz. Über diese Anknüpfung soll Kesselring unterrichtet gewesen sein. Die deutschen Kontrahenten waren dabei der SS-Obergruppenführer Wolff und der Gesandte Rahn.
Die eigentlichen Kapitulationsverhandlungen sind dann wieder durch Rahn und Wolff geführt worden, mit Kenntnis und Einverständnis von Vietinghoff (Oberbefehlshaber der deutschen Front in Italien) und Gauleiter Hofer von Tirol.
Zu der abschließenden Unterredung der deutschen militärischen Führer, zu der auch der Kommandierende General der Luftwaffe in Italien – General Ritter v. Pohl – zugezogen wurde und an der die Oberbefehlshaber der 10. und 14. Armee und einzelne Vertreter der Heeres-

gruppe teilnahmen, lagen bereits vertragliche Abmachungen mit dem Oberbefehlshaber der gegnerischen Truppen, dem englischen Feldmarschall Alexander, vor, die durch die Bevollmächtigten von Vietinghoff und Wolff schon unterschrieben waren. Die Abmachungen sollten dann durch Funkspruch an Feldmarschall Alexander bestätigt werden und am 2. Mai um 14 Uhr in Kraft treten.

Feldmarschall Alexander drängte mehrmals auf diese Zusage, um seine Truppen noch rechtzeitig anhalten zu können.

Mittlerweile aber war es etwas durcheinandergegangen dadurch, daß Feldmarschall Kesselring den Vietinghoff durch den General Sch. am 30. 4. hatte ablösen lassen, während andererseits, nachdem Vietinghoff anscheinend in der Nacht vom 30. 4. auf 1. 5. an den Nachfolger übergeben hatte, dieser wiederum durch den Chef des Generalstabes von Vietinghoff, General Röttiger, festgesetzt wurde.

Als General Ritter von Pohl am 1. 5. mittags davon hörte und erfahren hat, daß der General Sch. von Feldmarschall Kesselring geschickt worden war, fuhr er zum Oberbefehlshaber der 14. Armee, General Lämmelsen, um nun wieder die Aufhebung der Maßnahmen gegen den General Sch. zu betreiben. General Lämmelsen hatte aber dessen Freilassung inzwischen schon durchgesetzt.

Nachdem sich die Geschichte so verknäult hatte, hat Kesselring den Mischmasch beendet, Vietinghoff und die andern rehabilitiert und der Kapitulation zugestimmt, die dann entsprechend erfolgt ist.

General v. Pohl habe erstmalig am 1. 5. früh durch Wolff von den Kapitulationsverhandlungen Kenntnis bekommen. Er sei überrascht gewesen von dem Vorhandensein eines Abkommens und dessen ungünstigen Bedingungen. Hierzu sei ihm durch Vortrag des Obersturmbannführers Wenner übermittelt worden, daß der Vertrag für die Heeresgruppe und für Deutschland vorteilhaft wäre durch die mündlichen Erläuterungen, die von der Gegenseite angeblich in Abwesenheit der russischen Vertreter gegeben worden seien. (??«)
Der General Pickert, der mir diesen Zusammenhang schildert, ist auf dem Rückwege zu mir in Mauterndorf vorbeigekommen. Göring stand dort am Zaun – es war gestern nachmittag – und hat sich mit Pickert in Gegenwart von Brause unterhalten. Göring wünscht stärkeren Schutz und läßt mir ausrichten »Koller soll jetzt handeln«. Göring trachtet nach einer Aussprache mit General Eisenhower von Mann zu Mann. Er glaubt, im Ausland Resonanz zu haben. Er stelle sich für die notwendigen Verhandlungen zur Verfügung. Er behauptet, seine Festnahme sei von Bormann veranlaßt worden, er sei nach dem Gesetz der Nachfolger Hitlers. Dieses Gesetz könne auch von Bormann nicht abgeändert werden.
Alle diese Dinge sind heute durch die Ereignisse längst überholt. Unser Schicksal ist nicht mehr abzuwandeln.
Im Laufe des Tages erfahre ich dann telefonisch von Kesselring, daß Göring aus der Ehrenhaft – hinterdrein wird so etwas also »Ehrenhaft« genannt – entlassen wäre. Abends spreche ich Kesselring persönlich. Er will der Reichsregierung einen Funkspruch schicken, daß

Göring sich angeboten habe, zu Eisenhower zu gehen. Mehr könnte er nicht tun. Antwort der Reichsregierung müßte abgewartet werden.
Immer noch geistern Verlegungsabsichten. Man dachte wieder an Bad Gastein, aber dort sitzt das diplomatische Korps. Dessen Doyen drohte, sofort nach der Schweiz abzureisen, wenn Stäbe sich in dem Ort einfinden sollten.
Ich lehne diese »Reise ins Blaue« ab. Wir bleiben, wo wir sind.
Was im übrigen nun geschehen soll, ist noch unklar. Feldmarschall Kesselring bekommt kaum Informationen und keine Befehle aus dem Norden.
Wie weit die inzwischen angelaufenen Kapitulationsverhandlungen in seinem Befehlsbereich gediehen sind, kann er nicht sagen, da General Förtsch noch nicht zurück.

6. Mai: Erstaunlicherweise funktionieren die Luftnachrichtenverbindungen zu sämtlichen Kommandostellen im Südraum, jedenfalls in dem von uns noch besetzten Umkreis, tadellos. Auch Funkverbindungen zu zahlreichen Punkten im Norden bestehen. Die Luftnachrichtentruppe arbeitet wirklich prima, sie hat allen Dank verdient.
Um 13 Uhr verlautet gerüchtweise, und zwar nach Radionachrichten des Gegners, daß »Waffenruhe ab 12 Uhr«. Offiziell ist vom Ob. West nichts zu erfahren, ich kann jetzt auch Kesselring nicht erreichen, man sagt mir, er sei unterwegs nach einem anderen Aufenthaltsort, desgleichen Stab General Winter. Mir wird dann vom Ia

des Ob. West um 13.45 Uhr die Auskunft, daß ab 14 Uhr deutscher Sommerzeit Waffenruhe herrsche, aber es ist nicht gewiß, ob auch unser Bereich davon erfaßt wird, weil General Förtsch immer noch nicht zurück.
Auf meine Frage nach dem Verbleib des Feldmarschall Kesselring antwortet mir der Ia:
»In Verlegung, weil er noch irgendwo führen soll.« Den Ort sagt er mir nicht, ebensowenig, wohin General Winter gegangen ist.
Nach stundenlangem Versuch erreiche ich den Zug Brandenburg, wo Winter mit einigen Offizieren sein soll. Die Vermittlung des Zuges jedoch teilt mir mit, daß die Herren weggefahren sind mit unbekanntem Ziel.
Es scheint mir, daß Feldmarschall Kesselring sich so aufstellen soll, daß er eventuell gegen den Osten weiterführen kann. Ich vermute jetzt den Feldmarschall Kesselring und General Winter in einem Eisenbahnzug im Tauern-Tunnel. Von da kann man sich auf jede Seite einer Demarkationslinie begeben, wohin man will.
Handrick (Jagdflieger, zuletzt Oberst und Kommandeur einer Jagddivision) erscheint, er will mich überreden, mit auf eine Hütte am Groß-Glockner zu gehen. Sie haben sich mit He's 111 eine Hochgebirgshütte aus der Luft verproviantiert und wollten dort zunächst untertauchen. Ich erwidere ihm, daß ich gesundheitlich so fertig bin, daß ich jetzt kaum den schweren Anstieg auf den hohen Berg leisten könnte, worauf er sich anbietet, mich mit seinen Leuten hinaufzutragen. Mich rührt das von diesen prächtigen Kameraden, aber ich kann es natürlich nicht annehmen. Ich muß hierbleiben, es kann

doch nicht jeder einfach weglaufen. Damit wird auch nichts besser.
Es sind ohnehin Schwierigkeiten genug zu bewältigen. Befehle, die nicht ausgeführt werden, aber erfüllt werden müssen, damit kein Tohuwabohu eintritt. Dispositionen, die dauernd zu treffen sind. Wo nur Greim ist? Er kann doch nicht spurlos vom Erdboden aufgesaugt sein.
Außerdem muß ich Göring aus Mauterndorf forthaben, denn ich bin mir nicht sicher, ob er dort nicht statt von den Angloamerikanern von den Russen eingeheimst wird. Der von mir mit der Quartiersuche beauftragte Major Sandmann schlägt eine Unterbringung in Fischhorn am Südrand des Zeller Sees vor. In dem Schloß aber sitzt der Bruder von Fegelein, dem der Besitz angeblich gehört. Er sträubt sich gegen die Aufnahme Görings und erklärt, er wolle mit diesem »Verräter« nicht unter einem Dach wohnen, sondern eher sein Schloß verlassen.
Ich richte ihm durch Major Sandmann aus, ich würde es sehr begrüßen, wenn er sein Haus verlassen würde und beschlagnahme sein Tuskulum. Dann wird Mauterndorf verständigt, Göring solle nach Fischhorn umziehen.

7. Mai: Spätestens morgen ist mit der Ankunft der Amerikaner zu rechnen. Daher versammle ich den Rest des OKL – Offiziere, Soldaten, Angestellte und Stabshelferinnen. Sie stehen im Garten und der danebenliegenden Wiese des Gasthofes »Nonnenhof« in Thumersbach. Ich verabschiede sie mit einer kleinen Ansprache.
»Am Ende eines langen und furchtbaren Krieges«, sage

ich, »ist Deutschland zusammengebrochen. Land und Volk liegen nach unvorstellbaren Opfern, wie sie keine Nation je gebracht hat, danieder. Wir, die wir hier stehen, haben unser Bestes getan und unseren Waffenschild saubergehalten. Wir können vor unserem Gewissen, vor unserem Herrgott und unserem Volke als anständige Menschen und brave Soldaten bestehen. Sie alle können jedem aufrecht und stolz gegenübertreten. Was auch nun für uns kommen mag – wir haben unsere Pflicht getan, und wir müssen sie weiter tun. Wir dürfen jetzt weder als Soldaten noch als Menschen fahnenflüchtig werden. Halten Sie eines hoch, die Kameradschaft und gegenseitige Hilfsbereitschaft, Tugenden, die wir immer gepflegt haben bei uns und die uns allein befähigt haben, so viel Schweres zu ertragen. Nehmen Sie diese Eigenschaften mit in die schwerste Not, und Sie werden auch diese, aber auch nur dann, wenn Sie Kameradschaft und Hilfsbereitschaft hinübertragen in Ihr künftiges Leben, sicher bestehen. Ich danke Ihnen allen für Ihre Treue und für die geleisteten Dienste und alle Opfer, die Sie gebracht haben. Jeden von Ihnen und Ihre Familien begleiten meine herzlichsten Wünsche in die Zukunft.«
Es ist eine schwere Stunde. Am Schluß des vorigen Weltbrandes saß ich als kriegsgefangener Vizefeldwebel und Flieger hinter Stacheldraht und wurde fast erdrückt von den furchtbaren Nachrichten aus der Heimat, die von Revolution, Bruderkampf, Räterepublik und Mord kündeten. Heute nun stehe ich mit dem Range eines Generals auf der Stelle eines Generalobersten und als Chef des Generalstabes der deutschen Luftwaffe zum letzten Male vor dem OKL. In einem Zusammenbruch,

der viel größer ist als damals, in einem ungeheuerlichen Trümmerhaufen. Dazwischen liegt eine Fülle von Arbeit und gutem Willen. Jetzt bieten sich mir die Scherben eines Lebens, das ich mir aus winzigen Anfängen aufgebaut hatte. Man darf nicht darüber nachdenken, sonst findet man kein Weiter. Jetzt, lieber Gott, hab Erbarmen, hilf unserm Volk, damit es nicht untergeht!
Brauchitsch kommt mit zwei Briefen von Göring. Der eine ist an den nächsten amerikanischen Divisionskommandeur, der andere an General Eisenhower gerichtet. Die Briefe sind offen, Brauchitsch bittet mich, sie zu lesen und ihm zu raten, ob er sie überbringen solle.
In dem Schreiben an den Divisionskommandeur bittet Göring, seinen Chefadjutanten, den Obersten von Brauchitsch zur Übergabe eines Briefes zu General Eisenhower zu leiten. Gleichzeitig bittet er den Divisionskommandeur, seinen, Görings Schutz zu übernehmen, da er sich immer noch bedroht fühle.
In dem Schreiben an Eisenhower bittet Göring um eine sofortige persönliche Unterredung von Mann zu Mann.
Ich finde, man soll die Aktion ruhig starten. Allerdings müssen wir zunächst die für Brauchitschs Frontübertritt geeignete Stelle erkunden. In Kürze kann festgestellt werden, daß das am tunlichsten bei Kitzbühl geschieht.
Brauchitsch steigt in einen besseren Wagen und fährt in der Nacht weiter zu den Amerikaner.
Greim ist seit 8 Tagen für mich verschollen gewesen. Ich habe einmal vernommen, daß er in der Tschechei sein solle und daraufhin an das Luftwaffenkommando VIII und an Feldmarschall Schörner (Oberbefehlshaber Heeresgruppe Mitte – deutsche Ostfront in der Tsche-

chei) Funkanfragen gerichtet. Doch sind diese ohne Antwort geblieben.
Nun, Mitternacht ist schon vorüber, klingelt das Telefon, und Greim ist am Apparat. Ich bin sehr überrascht und frage verdutzt, wo er sei. »In Graz gelandet«, antwortet er mir, »bin bei Schörner gewesen. Sagen Sie mir den nächsten Weg zu Ihnen.«
Die Verständigung wird sehr schlecht, der Telefonist einer Vermittlung schaltet sich ein und übermittelt jeweils Frage und Antwort.
Greim: »Wohin wollen Sie ausweichen?«
Ich: »Da ist nicht mehr auszuweichen, hier ist kapituliert.«
Greim will das offensichtlich nicht glauben. Ich kann ihn nur mühsam von der Richtigkeit überzeugen und weise ihn darauf hin, daß morgen die Amerikaner in diesen Raum einrücken werden. Er sagt: »Aber da müssen Sie doch erst recht weg. Sie können nicht dableiben, wenn die Amerikaner kommen.«
Ich antworte, daß ich bliebe und schlage ihm vor, morgen ganz früh mit einem Storch zu mir zu fliegen. Wenn keiner in Graz, würde ich ihm einen schicken. Er könne auf dem Feldflugplatz südlich Zell am See landen. Eine Benutzung der Straße verbietet sich, sie sind alle von Truppen blockiert.
Er nimmt meinen Vorschlag an. In Graz seien Störche; er käme morgen früh.

8. Mai. Greim erscheint noch vor 8 Uhr morgens; sein Anblick erschüttert mich. Er geht an zwei Krücken, und wir bringen ihn kaum aus dem Wagen. Das verletzte

Bein bereitet ihm Schmerzen, sein Gesicht ist eingefallen und ganz gelb. Er wird von 2 Offizieren und Hanna Reitsch begleitet. Ich lasse rasch ein Frühstück, vor allem starken Kaffee, servieren. Die beiden Offiziere bleiben im Vorzimmer, aber Greim will Hanna Reitsch bei sich haben.

Er ist zutiefst bestürzt, als ich ihm über die Gesamtkapitulation berichte, er sagt: »Ich habe Dönitz als dem Nachfolger Hitlers Treue versprochen, aber nur für den Kampf. Ich kann Dönitz nicht begreifen. Ich bin bei Schörner gewesen, wir haben uns verabredet, daß eine Kapitulation gar nicht in Frage kommt. Schörner wird das nie mitmachen, er wird weiterkämpfen.«

Ich erwidere, daß das ein völliger Wahnsinn sei und Greim keine andere Aufgabe habe, als sofort in ein Lazarett zu gehen. Es ist nicht leicht, mit dem Oberbefehlshaber der Luftwaffe derart zu sprechen und ihn zu überzeugen, um so schwieriger, als ich Hanna Reitsch nicht aus dem Zimmer entfernen kann, was ich möchte, Greim aber nicht duldet.

Um abzulenken, erkundige ich mich nach den letzten Ereignissen von Berlin. Greim erzählt, daß Hitler ihn und Hanna Reitsch herausgeschickt habe, sie hätten dann mit einer Arado 96, die als letzte, brauchbare Maschine am Brandenburger Tor stand, noch knapp herausfliegen können. Beide – Greim und Hanna Reitsch – wiederholen mehrfach: »Es ist das größte Leid unseres Lebens, daß es uns nicht vergönnt war, mit dem Führer zusammen zu sterben.« Dann fügen sie hinzu, und Hanna Reitsch laufen dabei Tränen über die Wan-

gen: »Man muß knien in Ehrfurcht vor dem Altar des Vaterlandes und beten.«
»Was ist der Altar des Vaterlandes?« frage ich ganz verblüfft.
Sie sagen: »Der Führerbunker in Berlin.«
»Um Gotteswillen«, rufe ich, »wie kann man so entsetzliche Sachen aussprechen! Wenn man Hitler selbst den guten Willen unterstellen wollte, sein Volk groß und stark zu machen – obgleich er fast alle seine Wege falsch gegangen ist und uns sämtlich ins Verderben geführt hat –, seine letzte Handlung kann man ihm niemals verzeihen. Diese Flucht aus dem Leben ist ein feiges Drücken vor jeder Verantwortung, sie ist der gemeinste Verrat, der unserem Volk in seiner ganzen Geschichte geschehen ist. ›Führer‹ wollte er sein und läßt uns in der größten Not einfach alle im Stich. Altar des Vaterlandes – nein, Denkmal eines schmachvollen Verrats ist der Führerbunker!«
Sie sind von meinen Worten betroffen, nehmen Hitler in Schutz und greifen dafür Göring an. Greims Animosität gegenüber Göring ist noch gewachsen, er läßt sich nicht überzeugen, daß die Absichten Görings am 23. 4. nach Hitlers Entschluß vom 22. richtig waren, er nennt Göring »einen Verräter« und sagt: »Wenn ich Göring erwische, lasse ich ihn erschießen.«
Ich erkläre von Greim, was inzwischen bei Göring vorgegangen ist und daß ich Schloß Fischhorn für ihn bereitgestellt und ihm seine Adjutanten wiedergegeben hätte.
Darauf sagt Greim ärgerlich: »Koller, ich muß Ihnen verbieten, dem Göring irgendwie zu helfen.«

»Was heißt: helfen!« erwidere ich. »Man muß dafür sorgen, daß er untergebracht wird, nicht den Russen in die Hände gerät, vor Partisanen oder Narren geschützt ist und eine Umgebung hat, wie sie dem ehemaligen Oberbefehlshaber der Luftwaffe zukommt. Das ist meines Erachtens eine Anstandspflicht der Luftwaffe, sonst nichts.«

Hanna Reitsch unterstützt Greim, sie fleht mich geradezu an: »Sie dürfen Göring nicht helfen, diesem Verräter.«

Ich hätte Lust, sie daran zu erinnern, was sie alles an Wohltaten und Bevorzugungen von ihm genossen hat. Eben war es mir gelungen, sie in mein Vorzimmer abzuschieben, aber Greim will sich keinen Moment von ihr trennen. Er rief sie zurück: »Flugkapitän, kommen Sie herein, Sie müssen hier bei mir bleiben.«

Ich bringe also das Gespräch wieder auf Berlin. Beide behaupten mit Sicherheit, Hitlers Leiche werde man niemals finden.

Auf meine Bemerkung, dann sei sie gewiß verbrannt worden, und auf unmittelbare Fragen, wie das vor sich ging, erhalte ich keine Antwort, sie weichen mir aus und sagen: »Es ist alles so vorbereitet und gemacht worden, daß die Leiche niemals gefunden wird.«

»Demnach ist die Leiche verbrannt«, wiederhole ich feststellend, worauf sie mir nichts entgegnen.

Die ganze Unterhaltung ist sehr zermürbend, von Tränen und Phrasen unterbrochen. Von Greim ist tief deprimiert. Nach jeder Person, die im Bunker war, muß ich einzeln forschen. Nach den mir werdenden Auskünften haben als bestimmt tot zu gelten: Hitler, Eva Braun,

General Burgdorf, Oberst von Below,[1] Goebbels mit Frau und Kindern, Bormann.[2]
Als ich mich nach dem SS-Gruppenführer Fegelein erkundige, sagen Greim und Hanna Reitsch: »Den hat der Führer erschießen lassen« und schildern: »Fegelein wollte sich aus dem Bunker und aus Berlin in Zivilkleidern entfernen und wurde dabei von der SS gefaßt.«
Greim gibt noch an: »Der Führer hat mir gesagt, daß das nicht der alleinige Grund war, sondern Hitler glaubte auch Beweise zu haben, daß Himmler schon Tage vorher über Fegelein mit dem Feind verhandelt habe. Jedenfalls hat er den Fegelein sofort erschießen lassen.«[3]
Also seinen eigenen Schwager! Und die Frau Fegeleins, Eva Brauns Schwester, erwartet irgendwo in Bayern ihr erstes Kind.
Feldmarschall v. Greim und Hanna Reitsch wissen nichts von einer Heirat Hitler-Eva Braun. Wenn sie es wüßten, würden sie mir das sicher sagen.[4]
In der weiteren Aussprache kommt Greim nochmals auf Göring und berichtet: »Hitler hat Görings damaligen Funkspruch als Ultimatum angesehen. Aber das war für seinen Entschluß, Göring festzusetzen, nicht entscheidend, vielmehr die Tatsache, daß nach den Unterlagen, die Hitler bekommen hatte, Göring bereits vor mehr als

[1] Nicht zutreffend. Oberst v. Below ist mit Nachsatz zu Hitlers Testament aus Berlin entkommen und lebt.

[2] Für Bormanns Tod beim Fluchtversuch aus Berlin am 1. Mai ist einziger Zeuge der ehemalige Reichsjugendführer Axmann.

[3] Nach den Angaben von Herrn Lorenz, von der Dienststelle Reichspressechef, erfolgte die Erschießung von Fegelein in der ersten Nachthälfte 28./29. April.

[4] Die Heirat erfolgte am 29. 4. nach dem Weggang v. Greim und Hanna Reitsch aus dem Bunker.

einem halben Jahr Verhandlungen mit dem Ausland gepflogen hat.«
Es ist nicht möglich, Greim davon zu überzeugen, daß dies ein Irrtum oder eine böswillige Verdrehung, wenn nicht am Ende nur ein Vorwand ist, den Hitler sich auswählte. Ich gebe Greim bekannt:
»Etwa im Herbst vorigen Jahres – 1944 – ist über Schweden an Göring herangetreten worden, und Göring hat es für richtig gehalten, jeden Weg zu beschreiten, der zu einem Frieden führen könnte, weshalb er auch diese Fäden begierig aufgriff. Er hat aber Hitler informiert, und der hat unter gröbster Androhung sofortiger Entlassung Göring jede derartige Handlung strikt verboten. Göring hat dann – ich muß schon sagen: leider! – nicht mehr gewagt, in der Sache etwas zu tun und jede auswärtige Verbindung abgelehnt. So jedenfalls bin ich von Göring selbst im Dezember oder Januar unterrichtet worden.«
Diese Darlegung reizt v. Greim nur zu ferneren Attacken und scharfen Worten gegen Göring, wie ich solche bei seiner üblichen Konzilianz von ihm nicht gewohnt bin. Und Hanna Reitsch mischt sich ein, und schürt, vielleicht ungewollt, die Erregung. Greim äußert erneut, er würde, wenn er könnte, Göring erschießen lassen.
Ich werde beschworen, nichts zu seinen Gunsten zu unternehmen. Hanna Reitsch umfaßt weinend meine Arme und bittet mich, Göring nie zu verteidigen, auch dann nicht, wenn ich meinen sollte, er wäre im Recht gewesen; ich dürfte das Greim nicht antun.
Diese Szenen sind voller Dramatik, etwas, wozu ich kein Talent besitze; ich komme mir auch demgemäß unglück-

lich dabei vor. Unter den gegenwärtigen Umständen wird es aussichtslos, sachliche Dinge objektiv zu beraten.
Ich erwähne, daß ab Mittag mit dem Einmarsch der Amerikaner zu rechnen sei. Greim sagt darauf: »Dann können Sie nicht hierbleiben und müssen verschwinden.«
»Ich kann doch nicht meinen ganzen Stab und die gesamte Luftwaffe im Stich lassen«, erwidere ich. »Es muß Ordnung herrschen, die Ruhe bewahrt werden und die Truppen sind zu versorgen. Was sollen denn unsere Soldaten anfangen, wenn wir alle weglaufen?«
Greim: »Das Ende ist dann, daß Sie gefangen werden. Sie können nicht in Gefangenschaft gehen, dann müssen Sie sich erschießen.«
Hanna Reitsch: »Das finde ich auch. Dann müssen Sie sich erschießen. In Gefangenschaft gehen ist ehrlos.«
Ich sage: »Ich kenne die Gefangenschaft besser als Sie und fast alle andern. Ich bin schon einmal mehr als eineinhalb Jahre gefangen gewesen und habe mir damals geschworen: nie wieder Gefangener, lieber tot. Und wenn ich jetzt nicht an der obersten Spitze der Luftwaffe praktisch allein wäre, wenn ich keine Familie hätte und wenn ich nicht glaubte, für unsere Soldaten noch sorgen zu müssen – ja, dann würde ich mich auch erschießen. Aber nicht, weil ich die Gefangenschaft für ehrlos halte, sondern weil mir ihre erniedrigenden Begleitumstände unerträglich scheinen und ich mir nicht nochmals Jahre meines Lebens stehlen lassen möchte. Ehrlos, nein, so ist das nicht. Ich habe den Krieg nicht gewollt, ich habe meine Pflicht getan und alles, was

ich vermochte, um unserem armen Volk einen solchen Ausgang zu ersparen. Ehrlos wäre, wenn wir uns jetzt drücken wollten.«

»Schicken Sie den ganzen Stab sofort weg«, sagt Greim, »gehen Sie selbst in die Berge und schlagen Sie sich irgendwie durch. Sie müssen sich Deutschland erhalten.«

»Das«, antworte ich abwehrend, »geht doch nicht nach den Waffenstillstandsbedingungen.«

Der arme Greim tut mir schrecklich leid. Er ist innerlich völlig zusammengebrochen. Daher sagt er nun: »Koller, machen Sie, was Sie für richtig halten. Ich bin mit allem einverstanden.«

Dann fährt er fort: »Der Führer hat mir persönlich gegenüber die kämpferischen Leistungen der Luftwaffe ganz besonders hervorgehoben und sie auf allen Gebieten bis zuletzt als die höchsten der Wehrmacht bezeichnet. Jeder Mann, auch das Bodenpersonal, habe, vom Feinde anerkannt, hervorragend gekämpft. Für die technische Unterlegenheit tragen die Schuld andere.« Greim betont seine besondere Genugtuung darüber und fügt bei: »Der Führer hat mir noch besonders gesagt, daß Sie, Koller, der einzige gewesen sind, der es gewagt hat, ihm die Wahrheit zu sagen und ihm die Unterlegenheit der deutschen Flugzeuge aufzuzeigen, während alle andern Stellen, besonders Sauer und der Reichsmarschall behaupteten, daß unsere Flugzeuge den feindlichen gleichwertig oder sogar überlegen seien.«

Das ist Nekrolog, der auch nichts mehr nützen kann. Greim sieht derart verfallen aus, daß ich jeden Augenblick befürchten muß, er sackt mir zusammen. Es gelingt

mir endlich, ihn zu bewegen, in das Lazarett nach Kitzbühl zu fahren. Das muß gleich geschehen, denn ab 12 Uhr müssen die Straßen mehrere Stunden von deutschen Truppen und Fahrzeugen frei sein.
Noch bei der Abfahrt ermahnt mich Hanna Reitsch aus dem Wagen, Göring ja nicht zu helfen und ihn auf keinen Fall zu verteidigen. Sie ist sicherlich eine persönlich tapfere Frau, aber heute war sie wahrhaftig eine schwere Belastung.
Kaum ist Greim fort, meldet mir Major Sandmann aus Fischhorn, daß dort ein amerikanisches Kommando mit 30 Mann auf Jeeps unter einem General St. zum Schutz von Göring eingetroffen sei. Der General ist unwillig darüber, daß Göring noch in Mauterndorf ist; er hatte nämlich in seinem Brief der nächsten amerikanischen Division mitgeteilt, er würde in Fischhorn sein.
Ich weise Sandmann an, die plötzlichen Gäste zu beruhigen und ihnen ein anständiges Frühstück vorzusetzen. Dann rufe ich Mauterndorf an, wo mir gesagt wird, Göring wolle dort bleiben. Ich erwidere, das sei ausgeschlossen, er habe sich die Amerikaner nach Fischhorn bestellt und müsse sich nun da auch unbedingt einfinden.
Unterdessen bekomme ich eine Meldung bezüglich Greims. Er hat die Kraftwagen südlich St. Johann halten lassen und wollte seine Begleitung fortschicken. Der ihm von mir zugeteilte Offizier hat aber geantwortet, er habe Auftrag von General Koller, den Feldmarschall nach Kitzbühl zu geleiten, und er werde das daher ausführen. Darauf habe es eine Auseinandersetzung gegeben. Greim wolle nicht mehr weiter, er sitze auf

einer Wiese südlich von St. Johann und ziehe sich mit Hilfe von Hanna Reitsch Zivil an. Dann wolle er in die Berge.

Der mich benachrichtigende Offizier ist unter dem Vorwand, die Belegung der Straßen zu erkunden, nach St. Johann gebraust, um von dort mit mir zu telefonieren, und bittet um Befehl, was er tun solle. »Sie verhindern auf alle Fälle«, sage ich, »daß der Feldmarschall in die Berge flüchtet. Wie kommt er bloß auf so eine wahnwitzige Idee. Er humpelt auf Krücken, kann überhaupt kaum gehen und macht in allerkürzester Zeit schlapp. Er kann als Oberbefehlshaber der Luftwaffe nicht ausrükken. Bringen Sie ihn nach Kitzbühl oder wenigstens nach Elmau, wo sein früherer Stab liegt. Vielleicht entschließt er sich dazu eher. Gelingt das nicht, wenden Sie sich an den Oberbefehlshaber vom AOK 2 in St. Johann. Der soll sich dann zu Greim begeben und ihn notfalls mit Gewalt ins Lazarett schaffen.«

Erneuter Anruf nach Mauterndorf, wo sich nur noch ein Hausmeister meldet. Um 12 Uhr sei alles abgefahren, wohin sei ihm unbekannt. Gut, die sind also jetzt auf dem Wege nach Fischhorn.

Aber Göring kommt und kommt nicht. Vermutlich ist er irgendwo stecken geblieben. Dem amerikanischen General wird das Warten zu dumm, er bricht um 16 Uhr auf, um Göring entgegenzufahren.

Abends erhalte ich die Meldung, daß der amerikanische General Göring aus Wagenstauungen bei Radstadt herausgeholt hat. Sie sind eben in Fischhorn eingetroffen. Sandmann berichtet: »Göring und seine Umgebung wie erlöst, alles sei in froher Stimmung. Beim Eintreffen

fielen sich die Frauen der Begleitung um den Hals und beglückwünschten sich gegenseitig zu ihrer Rettung. Göring scherzt mit den amerikanischen Soldaten.«
Ich lasse anfragen, wann ich persönlich vorsprechen könnte. Es dauert einige Zeit, darauf wird mir mitgeteilt, Göring könne mich heute abend nicht mehr empfangen. Er kleide sich jetzt um, habe dann eine Besprechung mit dem amerikanischen General, danach mit diesem ein gemeinsames Abendessen. Er ließe mich auf morgen früh bitten; genaue Zeit werde noch angegeben.
Derweil kommt auch der Geleitoffizier von Greim zurück. Er hat den Feldmarschall unter großen Schwierigkeiten von St. Johann weitergebracht, aber nicht nach Kitzbühl, sondern Elmau. Ich weiß das bereits, denn von dort ist schon angerufen worden.
Der Offizier erzählt, er sei von St. Johann nach unserem Telefongespräch wieder zu Greim geeilt und habe ihm alles vorgestellt. Als das ohne Erfolg, hätte er sich nicht anders helfen können als mit einer Schilderung meiner Ansprache von gestern. Das habe Greim stark beeindruckt, und er hat daraufhin den Offizier befragt, warum er ihn nicht erschieße, er sei auch ein Fahnenflüchtiger. Er hat dann verlangt, daß der Hauptmann ihn totschießen soll. Schließlich hat dieser ihn dazu gebracht, sich nach Elmau zu begeben. Die Situation ist sicher für den noch jungen Offizier höchst unangenehm gewesen; aber er hat sie gut gelöst.
Aus Elmau wird mir mitgeteilt, man habe sich sehr gefreut, Greim bei sich zu sehen. Allerdings bemängele man seine Unzertrennlichkeit von Hanna Reitsch. Greim ist jetzt bereit, nach Kitzbühl zu gehen, da sich herausge-

stellt hat, daß dort ein alter Arzt von ihm tätig sei, der ihn behandeln wird. Aber er will außer Hanna Reitsch niemanden mitnehmen. Das geht auf keinen Fall. Ich ordne an, daß ihm ein älterer Offizier zu attachieren sei, der ständig bei ihm zu bleiben habe. Es muß unbedingt jemand bei ihm sein, der ihn gegenüber den Amerikanern vertreten kann.
Außerdem bin ich unverzüglich zu unterrichten, falls der Feldmarschall den Wunsch haben sollte, irgendwelche Befehle zu geben. Keinesfalls dürfen Befehle von ihm durch sein altes Luftflottenkommando 6 weitergegeben werden, ohne daß ich vorher eingeschaltet werde. Der Feldmarschall kennt die gegenwärtige Situation nicht, ist über Einzelheiten uninformiert, wir müssen daher trachten, daß kein Kuddelmuddel entsteht.
Die Amerikaner sind eingerückt, hier bei mir hat sich aber noch niemand gezeigt. Keine Zwischenfälle bisher. In Zell am See wird eine Kommandantur eingerichtet. Ich entsende Oberst Wolter zur Verbindungsaufnahme dorthin und lasse die Anwesenheit des OKL in Thumersbach, Stärke und Quartierverteilung übermitteln.

Ein notwendiger Rückblick

Wir haben den Krieg verloren. Es scheint müßig und billig, nun zu sagen, man habe es vorausgeahnt. Dessenungeachtet darf ich mich heute erinnern, daß ich 1939, von der Kriegserklärung Englands und Frankreichs tief beeindruckt, dieses Ende befürchtete und noch ehe dieser Kriegszustand allgemein bekanntgegeben worden war, dem damaligen Feldwebel Simon, von ihm nach dem Grunde meiner düsteren Stimmung befragt, meine Sorge mit den Worten ausgedrückt habe: »Sie werden heute noch eine Nachricht bekommen, dazu kann ich nur sagen ›Finis Germaniae‹.«
Wenig danach habe ich in einem kleinen Kreis meine Ansicht ausgesprochen: »Nach meiner Kenntnis der gesamten Rüstungsverhältnisse sehe ich keine Möglichkeit, diesen Krieg gegen England und Frankreich, mit Amerika im Hintergrunde, letztlich militärisch zu gewinnen.« Ein Amtsträger der Partei, der bei dieser Äußerung anwesend war, hat sie sehr verübelt und hätte mich deshalb später gerne als Defaitisten angezeigt.
Die französisch-englischen Armeen sind gänzlich unerwartet in wenigen Wochen zusammengebrochen, Frankreich kapitulierte. Deutschland schien auf dem Gipfel seiner Macht zu stehen und alle Chancen zu haben, definitiv siegreich zu bleiben. Und dennoch hat es den

Krieg so total verloren. »Warum? – hätte es nicht auch anders sein, weniger hart enden können?« – eine Frage, die viele Gemüter erregte und die mich heute beim Einmarsch der gegnerischen Truppen in die letzten, noch von deutschen Soldaten besetzten Teile unseres Landes besonders bewegt.

Die Gründe dieses Ausganges sind mannigfaltig: selbstverschuldete Fehler auf politischem, wirtschaftlichem und militärischem Gebiet. Jedoch ist nach meiner Meinung keiner dieser Gründe an sich entscheidend gewesen, sie waren sogar alle gemeinsam noch nicht entscheidend. Letztlich entscheidend war – so sehr auch die Vermeidung der übrigen Fehler die Gesamtlage günstiger gestaltet haben würde – der *Verlust der Luftherrschaft.* Die Feldzüge in Polen sowohl wie in Holland, Belgien, Frankreich und Norwegen hatten eindringlich bewiesen, welch eine überragende Bedeutung in einem modernen Krieg der Luftwaffe zukommt. Anstatt aber daraus zwingend die logischen Folgerungen zu ziehen, bemühte sich die deutsche Führung offenbar, solche Lehre ungesäumt zu vergessen und dafür andere Waffenteile zu bevorzugen, die eine derartig ausschlaggebende Wirksamkeit niemals zu entfalten vermochten.

Deutschland hatte zwar aufgezeigt und verdeutlicht, von welch durchschlagender Kraft eine überlegene Luftwaffe und ein geschickter Einsatz dieser Waffe sein konnte, aber keine Folgerungen daraus gezogen. Jedoch die gegnerische Welt, die die Konsequenzen dieses Faktums erkannte, hat sich mit eiserner Zähigkeit eine Waffe aufgebaut, die sie schließlich zum Sieg führen mußte.

Solange Deutschland die Luftüberlegenheit hatte, störte niemand unsere Schiffahrt im Nordmeer, an der deutschen Küste und von Holland bis Brest, von Bordeaux bis Spanien. Die große englische Flotte wurde sozusagen hinausgeschoben aus dem Bereich der Reichweite der deutschen Flugzeuge, gleichsam blockiert. Kein bemerkenswerter englischer Verkehr wagte sich in den Kanal, kaum in den Südteil der irischen See, alles drängte sich im Norden zusammen.
Solange wir die Luftüberlegenheit hatten, bedrohte niemand unsere Wirtschaft und das friedliche Leben der Heimat; selbst unsere Verbindungslinien im Mittelmeer blieben unbelästigt.
Wäre diese Luftüberlegenheit rücksichtslos, auch zum Nachteil anderer Rüstungszweige durchgehalten worden, so hätte sich der Krieg in Nordafrika anders abgespielt. Malta wäre uns als reife Frucht in den Schoß gefallen; auf dem Kontinent hätten wir eine in Ruhe arbeitsfähige Industrie, intakte Verbindungslinien und in der Heimat unsere Wohnstätten behalten.
Andererseits wäre Englands Versorgung lebensbedrohend abgeschnürt, seine Rüstung schwer beeinträchtigt worden, bevor es sich zur höchsten Kriegsleistung emporschwingen konnte, und der Massenaufbau starker Luftstreitkräfte, wie er auf Englands Flugfeldern tatsächlich erfolgt ist, wäre verhindert worden.
Bei deutscher Luftherrschaft gab es keine Invasion, denn schon die Bereitstellung der ungeheueren Geräte- und Ausrüstungsmengen hätte zerschlagen oder der Angriff selbst mit schweren Verlusten für den Gegner abgewiesen werden können.

Die politische deutsche Führung aber glaubte, kurzsichtig und in einer völligen Verkennung der bewundernswerten Zähigkeit und Energien ihrer Gegner (dabei, was noch törichter und damit schlimmer war, die ungeheure Potenz der Amerikaner mißachtend), den Krieg im Westen 1940 schon mehr oder weniger gewonnen zu haben. Sie begann mit Wahnwitz die Auseinandersetzung mit Rußland.

Dadurch beschwor sie eine Lage herauf, die Deutschlands Kräfteverhältnisse weit überstieg.

Wahnwitz in diesem Zeitpunkt, weil der Streit mit Rußland wiederum einen Mehrfrontenkrieg erzwang, als sei der Erste Weltkrieg und seine Katastrophe nie gewesen, und obwohl Hitler dem deutschen Volk versprochen hatte, es niemals in eine solche Lage zu führen.

Gleichzeitig verhallten alle Rufe von Truppenführungs- und Truppenkommandostellen und ihrer Generalstabsoffiziere nach Verstärkung der deutschen Luftwaffe, nach Flugzeugen und wieder Flugzeugen, nach neuen Mustern; sie wurden entweder belächelt oder gar nicht gehört. Wir blieben Rufer in der Wüste.

Hitler versprach, die aus dem Westen für den Osten abzugebenden Geschwader – es waren fast alle, die überhaupt vorhanden waren – nur für die Eingangsschlachten nötig zu haben, dann aber sofort wieder nach dem Westen zurückzugeben. Sie sind im Osten geblieben.

Hitler versprach Aufbau und größte Verstärkung der Luftwaffe gleich *nach* dem russischen Krieg. Dann wollte er viele Hunderttausende von Arbeitern aus dem Heer entlassen und in die Luftwaffenindustrie geben. Hunderttausende von Heeressoldaten in die Luftwaffe eingliedern. Dann wollte er nur noch für die Luftwaffe bauen. Er glaubte, in 3 Monaten die Linie Astrachan–Archangelsk oder den Ural zu erreichen und den russischen Krieg beendet zu haben.

Die Luftrüstung wurde unterdessen in der Rohstoffzuteilung an die fünfte oder sechste Dringlichkeitsstelle gesetzt. Zuerst kamen U-Boote, dann Panzer, darauf Sturmgeschütze, Haubitzen, Nebelwerfer, Minenwerfer und wer weiß was – und dann die Luftwaffe. Hitler befahl kategorisch die Einstellung jeder Entwicklung, die nicht in spätestens einem halben Jahr an der Front sein konnte. Alles wurde auf den Ostfeldzug konzentriert, lediglich, was diesem dienen konnte, vorwärtsgetrieben. So geschah es auch, daß der zu jener Zeit bereits ziemlich weit gediehene Fortschritt des Strahljägers – der Me 262 – mehr oder weniger auf Eis gelegt und dadurch um etwa zwei Jahre verzögert wurde. Diese Me 262 hätte für uns *die Rettung im Luftkrieg* werden können.

Der russische Krieg fraß Menschen, Material und die Pläne. Für die Luftwaffe blieben nur ungehaltene Versprechungen, sie hatte nur zu opfern. Daran ist nicht allein Göring schuld. Ihm freilich muß vorgeworfen werden, daß er nicht mit dem ganzen Gewicht seiner Stellung sich durchzusetzen gewagt und vermocht hat.

Hauptschuldig ist Hitler. Er bestimmte despotisch die Kriegsziele, die Verteilung der Aufgaben und bestimmte die Rüstung. Das OKW gehorchte dabei als Ausführungsorgan seinen Weisungen.

Einwendungen und Forderungen der Luftwaffe wurden

häufig als eigensüchtig betrachtet und abgetan. Man war oft zu kurzsichtig und kleinlich zu großzügigen, aber sachlich fundierten Betrachtungen. Der Horizont konnte bei vielen über den Bannkreis der Erdtruppen nicht hinauskommen. Hitler selbst hat mehrmals und mir noch im April 1945 gesagt: »Wozu braucht man Flieger als Luftwaffenführer! Die Luftwaffe kann jeder andere genau so führen. Im Weltkrieg 1914–1918 hat sie auch ein Infanterist geführt.«

Abgesehen davon, daß es damals zwar eine kleine Fliegertruppe, aber keine Luftwaffe gab, spricht aus seinen Worten eine abgrundtiefe Unkenntnis der großen Summe von Erfahrungen und technischen wie taktischen Voraussetzungen, die erforderlich sind, eine moderne Luftwaffe erfolgreich zu meistern.

Im Juni 1944 habe ich anläßlich schwerer Angriffe gegen die Luftwaffe in einem engeren Kreis auf dem Obersalzberg die Schwäche unserer Luftrüstung beleuchtet und dem OKW vorgestellt, daß es auch seinerseits, im Interesse der Wehrmacht und des Landes, die Luftwaffenrüstung hätte betreiben und uns hätte unterstützen müssen, anstatt nur negativ zu kritisieren. Ich habe konstatiert, daß die oberste Führung in diesen Punkten versagt hätte.

Damit stach ich bös in ein Wespennest. Man wehrte mich heftig ab und wollte mir weismachen, Göring würde es abgelehnt haben, wenn sich das OKW der Luftwaffe angenommen hätte, er hätte sich jedes Dreinreden verboten.

Daß dieser Einwand nicht stichhaltig ist, ist gewiß. Ja, Göring hätte sich schon gegen Dreinreden gewehrt,

12 Das Palais du Luxembourg, Sitz des Generalstabs der Luftflotte 3 *(oben)*

13 Mit Generalfeldmarschall Sperrle im Palais du Luxembourg *(unten)*

14 Der letzte Oberbefehlshaber der deutschen Luftwaffe, Feldmarschall Ritter von Greim

15 Englische »Spitfire«-Maschine, 1940 *(Mitte)*

16 Die Messerschmitt Me 262, 1944 *(unten)*

doch sicherlich nicht gegen eine wertvolle Unterstützung und Hilfe zur Verbesserung der Luftrüstung.
Nicht nur, daß die zahlenmäßige Rüstung zu gering war, es fehlten besonders auch neue und leistungsfähigere Flugzeug-Muster.
Wir flogen noch am Ende des Krieges mit den durch allerlei Finessen zwar höhergezüchteten, doch überalterten Mustern vom Anfang des Krieges. Bei den Kampfflugzeugen ist neben der wenig tauglichen Do 217 nur noch ein einziges Muster herausgekommen, die viermotorige He 177 mit je zwei Doppeltriebwerken. Sie mußte bis zur Fronttauglichkeit so häufig geändert werden, daß sie schon überholt war, ehe sie eingesetzt werden konnte. Eine einzige Gruppe gedieh dann noch zur Einsatzfähigkeit im Osten, jedoch so spät, daß sie wegen ihres hohen Brennstoffverbrauches, den man nicht mehr zu befriedigen vermochte, bereits nach einigen Einsätzen wieder zurückgezogen werden mußte. Per Saldo blieb uns somit kein Kampfflugzeug, das gegen den modern ausgerüsteten Gegner im Westen verwandt werden konnte.
Bei den Jägern lag es nicht anders. Hier war die Me 109 trotz aller Verbesserungen letztlich nicht länger mit dem Feind konkurrenzfähig. Das im Krieg neu herausgebrachte Muster der FW 190 war gut, als es kam, hätte aber nach einem Jahr durch eine neuere Maschine mit noch höheren Leistungen abgelöst werden müssen.
Das wirklich überlegene Jagdflugzeug konnte damals nur der Strahljäger werden, die Me 262. Sie traf zu spät ein und in viel zu geringer Stückzahl.
Denn – und das ist das Tollste – Hitler hatte, als die

ersten Maschinen davon ab April 1944 ausgeliefert wurden, den Umbau dieses Jagdrennpferdes zu einem Jagdbomber befohlen! Das bedingte Kanzelumbau, Einbau von Zielanlagen, von Bombenaufhänge- und Auslöseeinrichtungen und die Konstruktion eines anderen Fahrgestelles, das stark genug sein mußte, die Last einer 1000-kg-Bombe beim Start zu tragen, ohne zusammenzubrechen. Jeder auch nur halbwegs Eingeweihte kann sich ausmalen, was nach dem Anlauf einer Serienherstellung solche Abänderung bedeutet. Eine Verzögerung der Produktion, die man unter den gegebenen Umständen nur als Verbrechen bezeichnen kann!

Hitler verbot also die Auslieferung der Flugzeuge an die Jäger. Und in tyrannischer Sturheit hielt er gegen alle Einwände daran fest. Er wurde grob und wies jedem, der mit vernunftvollen Argumenten erschien, einfach die Tür. Göring und der damalige Chef des Generalstabes der Luftwaffe, der Chef des Luftwaffenführungsstabes, der General der Jagdflieger und die Kommodore der einzelnen Geschwader rangen verbissen, doch ohne Erfolg. Seine Hartnäckigkeit ging so weit, daß es untersagt wurde, den Satz »Die Me 262 ist ein Jagdflugzeug« auszusprechen. Ein derartiger Befehl wurde sogar schriftlich gegeben.

Als ich wieder einmal alle zwingenden Gründe für die reine Jägereigenschaft der Me 262 ins Treffen geführt hatte, dabei Hitlers verdrehte Ansichten technisch wie taktisch einwandfrei widerlegend, schickte er mich mit der Bemerkung weg: »Ich will jetzt nichts mehr hören. Sie sagen das nur, damit ich nicht recht habe.«

Im August 1944 legte ich mein Amt als Chef des Luftwaffenführungsstabes nieder. Vor meinem Ausscheiden aus dem OKL wurde ich von Hitler und Göring zu einer Inspektionsreise nach dem Westen – wo die gegnerische Invasion voll im Gange war – geschickt.
Hitler hatte zu der Zeit den Entschluß geäußert, sämtliche Jagdflugzeuge abzuschaffen und dafür nur noch Flakartillerie zu bauen und forderte sofort eine Planung, wieviel Flakartillerie gebaut werden könnte, wenn dafür alle Jagdflugzeuge aus der Rüstung abgesetzt würden. Diese Arbeit wollte man mir übertragen; ich lehnte es aber ab, den Unsinn mitzumachen.
Mein Auftrag lautete dahin, wichtige Beobachtungen im Westen und meine daraus resultierenden Vorschläge direkt fernschriftlich zu melden. So schickte ich u. a. an OKW zur Vorlage an Hitler, an OKL und Göring persönlich ein Fernschreiben mit dem Inhalt: »Me 262 sofort als Jäger an die Front!«
Bei meiner Rückkehr stellte ich fest, daß es inzwischen wegen der Me 262 mit Hitler wieder zu einem heftigen Zusammenstoß gekommen war, und er so getobt hatte, daß man ihm mein Fernschreiben nicht aushändigen konnte.
Bevor ich zu ihm ging, um über die Eindrücke meiner Fahrt zu berichten, wurde mir als Direktive Görings ausgerichtet, daß er mir verbiete, bei meinem Vortrag die Frage der Me 262 anzuschneiden, da Hitler über dieses Thema derartig aufgebracht sei, daß ich nicht nur mir selbst, sondern der Luftwaffe schwer schaden würde, wenn ich dieses Thema noch einmal zur Sprache brächte. Ich erwiderte indes, daß ich Tatsachen und

demnach die Wahrheit meiner Auffassung darzulegen hätte.

Bei Hitler war außer mir nur noch Keitel zugegen. Ich erörterte die Situation im Westen vom Luftwaffenstandpunkt aus, erwähnte meine Fernschreiben über die Me 262, erläuterte an praktischen Beispielen die Dringlichkeit deren Einsatzes nur als Jagdflugzeug und widerlegte gleichzeitig Hitlers Flakideen, was sachlich ganz leicht war.

Ständig war ich auf eine grobe Unterbrechung gefaßt, aber er ließ mich eine ganze Stunde reden, ohne seinerseits einen Ton zu sagen. Finster und verschlossen hörte er zu, es war für mich nicht zu erkennen, was er dachte.

Nach einer Stunde erschien ein Adjutant und mahnte, daß die Frist zum Vortrag abgelaufen sei. Ich teilte mit, ich hätte das Wesentliche berichtet und sei sonach fertig. Gleichzeitig meldete ich mich bei Hitler ab, denn ich hatte mein Amt bereits General Christian übergeben und diese Audienz war mein letzter Dienst.

Hitler sagte mir kein Wort, kein »Danke«, nichts; er nahm von meiner Abmeldung keine Notiz, ließ mich stehen und ging weg.

Wenig später aber hat er die Me 262 endlich auch für die Jäger freigegeben. Zu spät und überdies in viel zu geringem Umfang.

Er bestimmte, daß für jede aus der Produktion kommende Arado 276 – ebenfalls ein Strahlflugzeug, jedoch kein Jäger, sondern Aufklärer –, die als Bombenträger eingesetzt werden könnte, eine Me 262 den Jägern zugeführt werden solle. Ein Tropfen auf den heißen

Stein. Die Produktion der Arado lief in geringen Stückzahlen, damals monatlich etwa 15–20. Immerhin war es nach einem langen und vergeblichen Kampf ein kleiner Einbruch in die besessene Verbissenheit Hitlers.

Das *Ergebnis* von all dem? Ein Versagen der deutschen Luftrüstung, überwiegend von Hitler selbst verschuldet. Hitler hat von der Luftwaffe Einsatz über Einsatz, Leistung über Leistung und Sieg gefordert, ohne daß er ihr die dafür notwendigen Mittel gegeben hätte. Er hat die Bedeutung von Luftstreitkräften in ihrer wirklichen Tragweite nicht erkannt. Ein militärischer und technischer Dilettant, der in seiner Rechthaberei hundertmal über Meinung und Rat von Fachleuten und Praktikern diktatorisch hinwegging.

Und als die Luftwaffe ohne die erforderliche Rüstung die verlangten Leistungen nicht mehr bringen konnte, sondern immer mehr verblutete, da hat er sie in gröbster Form der Schwäche und Feigheit bezichtigt.

Ihm sind auch die Eingriffe in die deutsche Industrie zuzuschreiben, in welche durch Kommissare, Generalbevollmächtigte und Bevollmächtigte hereinregiert wurde, die zweifellos oftmals die Initiative lähmten und in vielen Fällen dem feinnervigen Apparat Verwirrung und Schaden brachten.

Die deutschen Wissenschaftler und Techniker haben wahrlich ihr Bestes getan. Sie haben großartige Erfindungen ersonnen und Fortschritte gemacht, mit denen sie der übrigen Welt oft weit voraus waren. Aber das blieben vielfach Fortschritte in Laboratorien, in einzelnen Versuchsstücken oder auch in geringen Stückzahlen zum Einsatz. Es mangelte durch die Fehler der deut-

schen Führung daran, rechtzeitig die für die Praxis erforderliche Massenproduktion zu erzielen.
Da Deutschland sich durch Hitlers dilettantische Politik übernommen hatte und weil nicht von Anfang an das Schwergewicht jeder Rüstung auf eine um jeden Preis zu bewahrende Luftherrschaft gelegt und festgehalten worden war – wir demnach weder den eigenen Heimatraum noch unsere industrielle Kapazität sichern, wir die russische Kraft nicht zerschlagen und den Einbruch aus dem Westen nicht abwehren konnten –, mußten wir von der Menge des feindlichen Materials völlig zermalmt werden.

Dieser furchtbare Krieg ist zu Ende. Aber schon zeichnen sich am Horizont neue Konstellationen und gewaltige Kräftegruppen ab.
Waren die machtpolitischen Differenzen zwischen Deutschland und Rußland kontinental begrenzt, so sind sie zwischen Ost und West weltverzweigt, darum viel größer und noch schwerer überwindbar. Die Ideologien scheinen mir grundlegend verschiedener als zwischen Kommunismus und Nationalsozialismus. Man braucht kein Prophet zu sein, um vorauszusehen, daß eine Auseinandersetzung zwischen Ost und West einmal unvermeidbar sein wird.
Ich zweifle nicht am allseits guten Willen zu einem endlichen und dauernden Frieden – wer hätte ihn nicht! Doch wird, falls das überhaupt je gelingen mag, noch viel Zeit vergehen, bis die Menschheit sich von den Schrecken der Kriege wird völlig befreien können. Vor der Wirksamkeit der verschiedenen Kräftezentren die

Augen zu verschließen, das würde mehr schaden, als eine sachlich nüchterne Betrachtung möglicher künftiger Entwicklungen dem Ganzen nützen kann.
Man unterschätze weder die Ansprüche noch die Expansionskraft und zähe Zielstrebigkeit des Ostens. In dem Auf und Ab des Geschehens läuft der Weg einmal vorwärts, einmal zurück, das sind Zweckmäßigkeitsfragen, immer unverändert aber bleibt das Ziel! Die Deutschen wissen davon, sie sind dem Osten immer näher gewesen als die westlichen Völker.
Die künftigen Chancen sind augenblicklich nicht leicht abzuwägen. Sicher scheint mir jedoch, daß *auf die Dauer* immer *die Überlegenheit in der Luft* entscheidend sein wird.
Die Seeherrschaft ist heute nur noch ein Anhängsel der Luftherrschaft. Die Entwicklung im europäischen Krieg, wie der Verlauf im Pazifik zeigen das deutlich. Die stärkste Seeflotte ist wertlos, wenn der Gegner die Luftherrschaft besitzt, die Flotte kann sich dann noch wählen, wo sie versenkt werden will, im Hafen oder auf hoher See. Und im Landkrieg wurde letztlich die Entscheidung durch den herbeigeführt, der die überlegene Luftwaffe einsetzen konnte.
Um wieviel mehr noch muß ihre Bedeutung wachsen, wenn man modernste Waffen in die Betrachtung einbezieht, Raketenwaffen, die schon praktisch eingesetzt waren, und Atomwaffen, die einmal ebenso kommen werden und die man in ihrer Fernwirkung gleichsam als eine Fortentwicklung der Luftmacht ansehen kann.
Daher wird, wer die Luftherrschaft besitzt, die Länder und Meere – er wird die Welt beherrschen.

Die Amerikaner sind da

9. Mai: Um neun Uhr habe ich immer noch keine Nachricht, wann ich Göring nun endlich sprechen kann. Ich schicke um 10 Uhr Major Sandmann nach Fischhorn, doch ist er kaum fort, wird mir von dort mitgeteilt, ich solle gleich kommen. Göring habe nicht lange Zeit, weil der amerikanische General mit ihm wegfahren wolle.
Ich jage nach Fischhorn, das nur knapp 10 Minuten entfernt liegt, treffe aber Göring nicht mehr an. Auch Sandmann, der vor mir ankam, hat bloß die Staubwolke der den Schloßberg herabrasenden Wagen genießen dürfen. Mir werden Grüße von Göring ausgerichtet, der sich zu Eisenhower begeben haben soll. Außer Frau Göring und ihrer Tochter, sind auch noch Bouhler und Frau sowie General von Epp in Fischhorn. Epp war von der Gestapo festgenommen worden und nach Mauterndorf gebracht. Er ist dann zusammen mit Göring nach Fischhorn übergesiedelt.
Ich spreche im Schloß Bouhler und seine Frau. Sie sind ganz rührend zu mir, und ich verwundere mich darüber, da man mich doch vorher als einen besonders üblen Patron gebrandmarkt hatte. Aber Bouhler hält mir auf mein Erstaunen hin eine sehr liebenswürdige Rede, bittet um Entschuldigung und um mein Verständnis für

die Unheimlichkeit der Situation Görings und seiner Mitinhaftierten.
Bouhler sagt mir: »Göring bedankt sich für alles. Er läßt Ihnen bestellen, daß er nun einsähe, Sie hätten immer Recht gehabt, und er bedauert außerordentlich, daß er das nicht früher erkannte. Er hat mich ausdrücklich beauftragt, Ihnen zu sagen, daß er jetzt wirklich nur noch zu Ihnen Vertrauen habe, Sie seien der einzige, der offen bei der Wahrheit und seiner geraden Meinung geblieben ist, er habe viel zu oft auf falsche Pferde gesetzt.«
Ja, das ist leider nun eine unleugbar viel zu späte Erkenntnis! Bouhler erzählt mir ferner, Göring werde in längstens 8 Tagen wieder zurück sein, ich solle mich dann für ihn bereithalten.
Ich glaube an diese Rückkehr nicht einen Moment. Wozu soll ich aber diesen Menschen hier ihren Rest Hoffnung rauben.
Stattdes bitte ich, Epp zu rufen. Er wird herbeigeholt und erscheint in eine Decke gewickelt, weil ihm so kalt ist. Tatsächlich ist es in diesem alten Gebäude mit seinen dicken, steinernen Mauern empfindlich kühl.
Epp versichert mir, er habe keine Ahnung, warum er verhaftet wurde. Am 28. April sei dies geschehen.
Ich äußere meine Vermutung, man habe ihn festgenommen, weil er den Putsch »Freies Bayern« gemacht habe. Epp, total überrascht, fragt mich, was das sei – »Freies Bayern«?
Ich berichte ihm, was ich von der Geschichte weiß, aber er ist offenbar wirklich ohne den mindesten Schimmer. Er sagt mir, er sei dankbar, durch mich zu erfahren, weshalb er arretiert wurde. Ich kann mir nicht den-

ken, daß er schauspielert; seine Verblüffung ist zu echt.
Ein Versuch, Frau Göring zu sprechen, mißlingt. Sie »ruht noch«.
Ich esse mit Epp, Bouhler und dessen Frau, dazu einem Staatssekretär, dessen Namen ich nicht verstanden habe, in einer Laube im Schloßhof zu Mittag. Als ich etwa um 13 Uhr wieder abfahre, sehe ich Frau Göring hoch oben an einem Fenster des Schlosses in weißem Kleid und großem Sonnenhut.
Nachmittags kommt der Reichsschatzmeister Schwarz, der in Thumersbach an der Ostseite des Zeller Sees in einem kleinen Häuschen dicht am Wasser wohnt, mit seinem Arzt Dr. Bauer zu mir. Schwarz möchte wissen, wie er sich verhalten soll, er mag nicht in Thumersbach sozusagen versteckt sein. Ich übernehme es, ihn durch mein Verbindungskommando in Zell bei den amerikanischen Behörden zu melden.
Ich habe mit Schwarz bisher keine nähere persönliche Berührung gehabt; er ist 70jährig und herzleidend. Mit bitteren Worten beklagt er sich über die Verhältnisse in der Partei und darüber, daß man ihn seit mehreren Jahren systematisch von Hitler ferngehalten und gehindert habe, sich mit ihm über die Zustände auszusprechen. Als er dann einmal durch die Vermittlung von Schaub zu Hitler zum Essen geladen worden sei, hätten ihn Bormann und seine Kumpane so eingerahmt, daß er auf jedes intimere Gespräch mit Hitler verzichten mußte. Immer, wenn er etwas sagen wollte, rissen Bormann oder seine Gehilfen die Rede sofort an sich. Schwarz bezeichnet Bormann als Hitlers bösen Geist,

den Totengräber von Partei und Staat. Er sagt: »Ich verstehe aber auch Hitler nicht. Ich war doch der Reichsschatzmeister der Partei, durch meine Hände sind ungeheure Summen, Milliarden gegangen, und Hitler läßt mich jahrelang nicht vor, er mußte doch selbst das Bedürfnis haben, mich zu sprechen. Ich konnte doch mit all den gewaltigen Geldern wer weiß was machen.«
Nachher erkundige ich mich bei Dr. Bauer über Hitlers Leibarzt Morell. In Berlin hatte ich Anfang April zufällig am Kurfürstendamm ein Schild mit der Aufschrift – »Dr. Morell – Haut- und Geschlechtskrankheiten« gelesen. Darauf befragte ich meinen Arzt, Professor Dr. Sajitz vom Westsanatorium über die Identität, die mir bestätigt wurde. Hitlers vertrauter medizinischer Berater und behandelnder Arzt hat nach dem, was mir Sajitz verriet, eine recht anrüchige Klientel gehabt.
Warum wählte sich Hitler diesen Menschen anstelle eines bekannten Internisten oder sonstigen Fachmannes aus? Sollte er, wie das Gerücht bisweilen munkelt, doch ein Paralytiker gewesen sein? Das würde seine Sprunghaftigkeit und seine Tobsuchtsanfälle womöglich erklären.
Bauer erzählt mir, daß Hitlers Photograph Hoffmann ihm den Morell vermittelte. Hoffmann war es auch, der Eva Braun und Hitler zusammenbrachte.
Ich erhalte die Nachricht, daß Greim heute vormittag in das Lazarett Kitzbühl übergesiedelt ist. Bei ihm sind Hanna Reitsch und ein Begleitoffizier.

10. Mai! Eben bin ich bei Greim in Kitzbühl gewesen. Mit meinem Ausweis von der amerikanischen Kommandan-

tur Zell ging die Fahrt glatt vonstatten, die Straßenkontrollen ließen mich ohne Beanstandungen passieren.
Greim lag zu Bett, er sieht jetzt etwas besser aus, sein verwundetes Bein freilich noch wenig schön. Er wünschte, zu regieren und forderte von mir, den Generalquartiermeister und den Generalstabsintendanten ihrer Posten zu entsetzen; er kann die beiden nicht leiden.
Natürlich habe ich ihm einen so zwecklosen Austausch ausgeredet. Ich brauche gegenwärtig eingeweihte Personen, die Auskünfte erteilen und Aufklärung geben können, und keine Neulinge.
Mit sich selbst ist Greim nach wie vor zerfallen, ich bedauere ihn sehr. Er war immer ein grundanständiger und vornehmer Charakter, vorbildlich in seiner Haltung und ein Ehrenmann vom Scheitel bis zur Sohle. Anhänger der Nationalsozialisten, litt er darunter, daß eine nach seiner Auffassung gute Idee schändlich korrumpiert wurde. Ich fürchte, er wird die Katastrophe und das, was jetzt so alles an tollen Sachen bekannt wird, kaum überwinden. Hanna Reitsch ist ihm dabei auch nicht die richtige Stütze.
Sie ist als Hilfsschwester im Lazarett untergeschlüpft, um Greim pflegen zu können.
Da Greim nur auf sie hört, verärgert das den Begleitoffizier (ein alter Oberst aus dem früheren Stab von Greim), und er will nicht mehr bleiben. Auch Oberst Vielbig, von Greim bisher so sehr geschätzt, ist über die unverdiente Zurücksetzung mit Recht gekränkt.
Mit dem Einmarsch der Amerikaner sind in Tirol überall rotweiße Fahnen erschienen, aber auch französische

und amerikanische Flaggen werden gehißt. Man sieht das hauptsächlich in den größeren Orten.
Diese Maßnahme lohnt sich für die, welche sie trafen, nicht, denn die Amerikaner bevorzugen als Quartiere diese bewimpelten Häuser, die dann die bisherigen Bewohner unter Zurücklassung des gesamten Hab und Gutes kurzfristig räumen müssen. Um dem zu entgehen, werden uns plötzlich Häuser und Villen als Quartiere angeboten. Auch der Wiener Musikprofessor erscheint, der Criegern als Ruhelager den Fußboden anwies. Wir sind so wenig nachtragend, daß wir einwilligen, sein Haus als von uns belegt anzugeben. Diese Finte wird aber nicht von Dauer sein können, da das Haus ja bisher frei war.
Als es dunkelt, sitzen wir vor dem Haus Thorak (Prillau, am Nordrand des Zeller Sees). Da fährt ein offener deutscher Kraftwagen in den Garten, zwei Personen sind im Auto. Ich trete hinzu, der Mann am Steuer fragt, ob Thorak nicht da sei. Ich bedauere, nein, er sei nicht anwesend; ob ich irgendwie helfen könne?
Da ruft der Mann! »Jessas, dös is ja der Koller!« und entpuppt sich als der bekannte Sepp Dietrich. Neben ihm sitzt in Kombination und Autokappe seine Frau. Sie sind staubbedeckt und sehr hungrig.
Nachdem sie sich gewaschen und auch gesättigt haben, erzählt Dietrich, seine Frau habe vor einiger Zeit die Kinder der Großmutter übergeben und sei zu ihm in den Kampfraum nach Wien gefahren. Er habe sie nicht zurückschicken können, sei aber jetzt seiner Armee vorausgeeilt, um seine Frau über die Grenze zu bringen. Er schimpft in wildesten Tönen auf den »Reichsheini«

und auf den erschossenen Fegelein. Vornehmlich der Letztere habe Hitler stets die unmöglichsten Dinge zugesagt und dann in unverschämtester Weise auf die Waffen-SS gedrückt, um seine Lügen bewahrheiten zu können.
Ich bringe das Gespräch auf den Angriff der 6. Panzerarmee in Ungarn zwischen Plattensee und Vesprem See, nach dessen Fehlschlag die Russen auf Wien vorstießen und Hitler befohlen hatte, daß die Verbände der Waffen-SS des Sepp Dietrich alle Bänder, Abzeichen und Ehrenzeichen abzulegen hätten, falls sie binnen drei Tagen die Lage nicht wieder herstellten. Er hat Himmler persönlich zu Dietrich geschickt zur Durchführung.
Sepp Dietrich sagt, er habe diese Forderung als unerhört empfunden und als eine unverschämte Zumutung an eine Truppe, die mit größter Tapferkeit gekämpft hatte. Man hätte der Armee die Aufgabe nicht stellen dürfen, wenn man keine Kräfte hatte zum Schutz ihrer Nordostflanke gegen Budapest. (Mir interessant, weil ich dabei war, wie Hitler urplötzlich den Entschluß faßte, die 6. Panzerarmee von der bereits angelaufenen Verlegung von der Westfront nach Pommern zu dem genannten Angriff nach Ungarn abzudrehen und ich sofort den Chef des Generalstabes des Heeres, im Zusammenhang mit der unmöglich gewordenen Luftversorgung Budapests, gewarnt hatte vor einer Entwicklung der Lage, wie sie dann tatsächlich bei der 6. Panzerarmee eingetreten ist.)
Sepp Dietrich sagt, daß er die Forderungen Hitlers und das Ansinnen Himmlers verweigert und abgelehnt habe.
Ich rate Dietrich, auf die Fortsetzung seiner Fahrt zu verzichten. Er wird sicher in Bälde von den Amerikanern

festgenommen werden. Aber er will seinen Plan durchaus durchführen.

11. Mai: Um 9 Uhr im Gefechtszug des OKW am Bahnhof Saalfelden Besprechung des amerikanischen General Taylor mit Kesselring. Ich bin gleichfalls von Kesselring dazu gebeten, kann aber nicht unmittelbar teilnehmen, da in dem Konferenzabteil nur für einige Personen Platz ist. Diese Amerikaner haben anscheinend am OKL noch wenig Interesse, ich komme mit ihnen nicht ins Gespräch. Offiziere der USAAF (amerikanische Flieger) oder RAF (englische Flieger) sind nicht da.
General Taylor, schlank, groß, gut angezogen, eine fast elegante Erscheinung. Er wünscht, daß zur schnelleren Erledigung auftauchender Fragen ein engerer Stab Kesselring (Ob. West mit Reststab OKW) nach Berchtesgaden in den Berchtesgadener Hof umzieht; Kesselring wünscht, daß das OKL sich anschließen soll. Der übrige Stab Ob. West bleibt in Alm.
Die nun zu Hunderttausenden im Lande lagernden oder auf den Straßen marschierenden deutschen Soldaten machen eigentlich einen noch recht guten Eindruck und halten sich prächtig. Nirgends eine Undisziplin, überall gute Ordnung.
Was unsere Leute am meisten überrascht, ist, daß die Amerikaner immer in Autos umherflitzen. Keiner geht je zu Fuß. Wenn sie auch zu zwei oder drei in den Jeeps hocken, könnte man doch beinah‘ meinen, jeder habe seinen eigenen Wagen.

12. Mai: Wir sind im Umzug nach der Sportschule Strubb,

der ehemaligen Unterkunft des Luftwaffen-Führungsstabes. Ich besuche Greim in Kitzbühl. Er verlangt von mir wieder, wie schon am 10. Mai die Beschaffung eines Ausweises, um mit Hanna Reitsch zu deren Eltern nach Leopoldskron zu fahren. Ich rede ihm begütigend zu, daß er erst sein Bein auskurieren müsse, ich will ihm nicht sagen, daß ihn bei einem solchen Versuch, nach meiner Befürchtung, sofort die Amerikaner abholen und festsetzen werden.
Die Spannungen um den Feldmarschall haben dazu geführt, daß er den Oberst Vielbig weggeschickt hat. Auch Oberst Kobe will er weghaben und keinen Offizier mehr nehmen. Daß Kobe unter diesen Umständen selbst fortdrängt, ist verständlich, aber die Sorge um die Person des Feldmarschalls veranlaßt mich, Kobe auch heute wieder zum Aushalten zu zwingen.
Ich erfahre, daß Göring nach seiner Abreise vom Fischhorn in Kitzbühl einen Aufenthalt hatte. Dabei hat er sich mit amerikanischen Generalen und Offizieren mit einem Sektglas in der Hand lachend auf dem Balkon seines Hotels gezeigt.
Die Straße davor war voller Menschen: Kitzbühler Einwohner, amerikanische und deutsche Soldaten. Die Amerikaner haben fleißig photographiert und gefilmt. Man braucht über das geschmacklose Schauspiel, das Göring hier geboten und das bei der Bevölkerung Unwillen erregt hat, kein Wort zu verlieren. Er war immer so.

13. Mai: Unsere Leute der Stabskompanie, die wir hier am 4. Mai hatten zurücklassen müssen und jetzt wieder vorfinden, wollen die Dienste der allgemeinen Versorgung, Küche, Reinigung, Wiederherstellungsarbeiten usw. nicht mehr tun, man hätte ihnen gesagt, sie wären entlassen und könnten nach Hause gehen. Das stimmt aber nicht und kann ich auch nicht zulassen; sie vagabundieren dann draußen herum, bis sie irgendwo ergriffen und von den Amerikanern mangels Unterkünften irgendwo in einen provisorischen Pferch gestopft werden. Da haben es die Männer hier immer noch besser. Ich durchwandere ihre Quartiere und finde keine Aufsässigkeit. Lediglich ein Sanitätsunteroffizier und ein Assistenzarzt einer fremden Dienststelle, die sich hier eingeschlichen haben und die Stänkerer zu sein scheinen, gehaben sich, als ob sie mich nicht sähen. Dann lasse ich antreten und spreche zu den Leuten. Der Sanitätsunteroffizier und der Assistenzarzt werden abgekanzelt. Die Soldaten habe ich gleich wieder in meiner Hand – warum auch nicht, mit den Männern habe ich nie Schwierigkeiten gehabt –, sie sind froh, daß sich wieder jemand um sie bekümmert. Sie gehen alle willig und zufrieden an ihren Dienst.

Ein englischer Wingcommander (Name?) und der amerikanische Lieutn.-Col. Roud (?), angeblich von der 1. Tactical Air Force, die mich besuchen, sind die erste Fühlungnahme seitens der anglo-amerikanischen Luftstreitkräfte.

Von General Taylor habe ich einen Ausweis, der mir völlig freie Bewegung und das Recht zum Weitertragen meiner Handwaffen, einschließlich der Pistole, zusichert. Für die wichtigsten Offiziere meines Stabes habe ich gleiche Ausweise erhalten.

14. Mai: Kesselring ist angeblich zu General Eisenhower berufen. Mir schwant, daß er nicht zurückkehren wird. Generaloberst Deßloch ist als Nachfolger eingesetzt.
Am Morgen fahre ich los, in Begleitung eines Offiziers und einer Dolmetscherin, um mich in Wasserburg-Gabersee nach den dort zurückgelassenen Teilen des OKL und in der Koller-Filze südlich Aibling nach unserem Gefechtszug Robinson umzusehen und um das Ganze wieder zusammenzufassen.
In Gabersee sind unsere Soldaten fort, die Stabshelferinnen arbeiten in der Landwirtschaft, die Räume sind von amerikanischen Truppen belegt.
Ich fahre über die Straße in einen kleinen Hof gegenüber zu Frau K., der ich über den Verbleib ihres Mannes berichten und Grüße von ihm bestellen will.
Im Garten sitzen zwei junge Leute, die mit den Kindern spielen. Es ergibt sich, daß es Ukrainer sind, die Frau K. vor plündernden Polen beschützten. Auch ein Franzose ist da, der hier fünf Jahre tätig gewesen und sich ebenfalls für Frau K. mit rechtem Erfolg eingesetzt hat. Ich habe das Bedürfnis, auch ihn zu sprechen und mich zu bedanken. Er ist ein kleiner, drahtiger Kerl, der nächster Tage mit dem Flugzeug in seine Heimat zurückgebracht werden soll, früher Feldwebel in der französischen Armee und in Metz stationiert. Ich beglückwünsche ihn, daß er bald wieder zu Hause sein wird, aber er meint, die Freude sei geteilt, am liebsten würde er da bleiben und seine Frau kommen lassen. Auch die Ukrainer möchten nicht wieder fort.
Ich habe für die braven Burschen nur ein paar Zigaretten, die gebe ich ihnen gerne.

16. Mai: Besprechungen mit einem amerikanischen General, dessen Namen ich nicht verstand; er war in größerer Begleitung. Thema: Allgemeine Organisation des OKL und der Luftwaffe.
Danach kommen einige Offiziere, die sich für unsere Gliederung interessieren. Sie legen mir ein Tableau über die Gliederung des OKL und der Luftwaffe vor. Die Zeichendarstellung weicht etwas von der unseren ab, man muß sich erst hineinlesen, der Inhalt scheint im allgemeinen richtig. Ich sage den Herren: »Da haben Sie ja alles und wissen mehr als ich.«
Sie möchten Auskunft, wo unsere verschiedenen Verbände sind. Das kann ich detailliert nicht beantworten. Viele Verbände haben in den letzten Tagen vor der Kapitulation noch verlegt und die Meldungen darüber sind zum OKL nicht mehr durchgekommen. Dann habe ich noch nach der Kapitulation im Westen unsere Verbände in der Tschechei durch Funkspruch angewiesen, nach der amerikanisch-englischen Seite auszuweichen, einfach wegzufliegen und auf irgendwelchen Flugplätzen im westlichen Bereich einzufallen. Wo die nun überall heruntergetrudelt sind, das können wir nicht wissen.

17. Mai: Bei mir finden sich sechs amerikanische Offiziere ein.
Ihr Anführer, ein sympathischer, höflicher und taktvoller Mann, Colonel M. Wir haben zunächst eine Aussprache in großen Umrissen über alle deutschen Luftwaffenfragen und verabreden für morgen eine genauere in

Thumersbach, wo sich noch meine wichtigsten Referenten und Mitarbeiter befinden.
Originell ist, daß keiner von den amerikanischen Fachleuten unsere tatsächlichen Stärken bei Kriegsbeginn glauben will; sie halten die ihnen genannten Zahlen für einfach unmöglich. Ich muß dabei stets lächeln, weil ich es vorausgeahnt habe.
Als mir im September 1939 die Kriegsgliederung der Luftwaffe auf meinen Schreibtisch flog und ich mir an Hand dieser Unterlagen die Flugzeugzahlen präzise errechnen konnte, war ich über unsere faktische Schwäche ordentlich erschrocken und sagte: »Dabei glaubt die Welt, daß wir zehntausende und noch mehr Frontflugzeuge besitzen! Sie wird unsere wirklichen Zahlen niemals glauben, wenn sie die Wahrheit erfährt.« Damals zählte ich gemäß der Kriegsgliederung nach dem Soll der Ausrüstungsnachweisung ganze 990 Kampfflugzeuge! Die praktische Einsatzbereitschaft konnte dabei nur mit 70 Prozent angesetzt werden.
An Jagdflugzeugen hatten wir 700 bis 800, an Stukas etwa 200.
Überdies war die Luftwaffe mitten in der Umrüstung vom alten Muster Do 17 auf H 111, zum Teil schon wieder von der He 111 auf das moderne Muster Ju 88. Was das im Zusammenhang mit der ganzen Umschulung des fliegenden und technischen Personals hinsichtlich Einschränkung der Einsatzbereitschaft bedeutet, weiß jeder Fachmann.
Für die Jagdwaffe galt dasselbe: bei ihr wurden die Verbände gerade zu Geschwadern formiert. Und eine

Reserve an Frontflugzeugen hinter den aktiven Verbänden gab es nicht.

18. Mai: Wieder in Thumersbach. Colonel M. mit den Herren von gestern und drei weiteren Offizieren. Es werden alle gewünschten Informationen erteilt. Lange persönliche Unterredung über die große Lage bei den Mächten und Zukunftsaussichten. Hinterher ergibt sich noch eine privatere Unterhaltung. Es ist ganz natürlich, daß Col. M. auf die Haßwelle hinweist, die, hervorgerufen durch die jetzt bekanntwerdenden Grausamkeiten in den KZ., gegen Deutschland schäumt.
Er meint: »Die ganze Welt habe Haß gegen Deutschland, weil alles glaubt, daß das ganze deutsche Volk an allem schuld sei und weil dafür viel Propaganda gemacht wird.«
Ich erwidere, daß man im Ausland über die wirklichen Verhältnisse in Deutschland und im deutschen Volk nicht immer richtig unterrichtet ist. Das Volk hat von den Vorgängen in den Konzentrationslagern nichts gewußt, und wo es gerüchtweise von solchen Einrichtungen hörte, diese, wie auch die Gestapo-Methoden scharf verurteilt. *Ein raffinierter Terror, eine allgemeine Unterdrückung und ein verzweigtes Spitzelsystem versiegelten den Menschen oft die Lippen und machten jede wirkliche, öffentliche Meinungsäußerung unmöglich.*
Gleicherart wußte auch die Wehrmacht nichts von den bestialischen Vorgängen, die jetzt bekannt werden. Man hat ihr zudem wohlweislich keinen Einblick gegeben, kein Soldat hätte solche Maßnahmen gebilligt. Man müßte sich, sage ich Col. M., davor hüten, das Wirken

vereinzelter verbrecherischer Elemente auf eine Schuld der Gesamtheit auszudehnen.
Ich entsinne mich, daß, als erstmalig und noch im Beginn des Naziregimes KZ. erwähnt wurden, überall große Empörung herrschte. Die Offiziere der Landespolizei München schimpften damals ganz ungeniert und sehr mutvoll in ihrem Kasino in der Türkenkaserne, und zwar ohne Rücksicht auf anwesende Partei- und SS-Gewaltige. Man bezeichnete es mit Recht als einen unerträglichen Zustand, daß Menschen ohne Justizspruch, nur auf einen Willkürakt hin jahrelang hinter Stacheldraht gesperrt werden sollten. Als einzelne Nachrichten über Mißhandlungen und Totschlagsdelikte durchsickerten, haben Freunde von mir und auch ich die Namen der Verantwortlichen notiert, damit diese eines Tages zur Rechenschaft gezogen werden könnten. Wir haben uns sogar durch Vermittlung von mit Himmler vertrauten Personen bei diesem beklagt, erhielten aber die Antwort, das seien lediglich geringe und betrübliche Übergriffe, mit denen er seinerseits nicht einverstanden sei und die er abstellen würde. Wir erachteten das damals noch für denkbar, wir vernahmen immer seltener etwas und die Gerüchte – verstummten. Im Kriege waren wir von unseren Aufgaben voll ausgelastet und fernab der Heimat und haben von solchen Grausamkeiten nichts erfahren können.
Als ich einmal die BMW-Werke besuchte – ich glaube, es war Ende Sommer 1944 –, sah ich in einer großen Werkshalle in Allach eine Abteilung von Häftlingen, die an einer Gruppe von Maschinen tätig waren, durch aufgespannte Seile von den übrigen Arbeitern getrennt.

Trotzdem der Begleitingenieur mich warnte, kroch ich unter den Seilen durch und ging in der Häftlingsabteilung herum. Da ich in Uniform war, hatte ich finstere Blicke erwartet, bekam solche aber nicht von den Häftlingen, sondern von den SS-Leuten, die diese bewachten. Die Häftlinge machten einen gutgenährten Eindruck, mit ihnen zu sprechen, war verboten. Ich hätte es aber gar zu gerne getan und probierte es daher. Sofort indes griff die SS-Wache ein, und ich wurde nachdrücklich aufgefordert, die Absperrung zu verlassen. Die Capos, die innerhalb des Sperrgürtels die Häftlinge beaufsichtigten, schienen mir ordinäre und rohe Kreaturen zu sein.
Jetzt hörte ich zum erstenmal von Massengreueln. Man berichtete mir von Bildern, die es darüber gebe; selbst gesehen habe ich sie nicht. Aber wenn die Dinge nur annähernd so sind wie in den russischen Kellern von Lemberg, Lublin und vielen anderen, kann ich sie nur fürchterlich nennen. Ich vermag es nicht zu begreifen und stelle mir vor, daß jene, die das getan haben, Verrückte gewesen sind. So handeln können nur ganz herzlose, vertierte Kreaturen, feiges Gesindel oder Geisteskranke. Kein persönlich tapferer Mann kann so handeln; er vergreift sich nicht an Wehrlosen.
Ebenso gewiß werden diese Menschen und ihre Taten vom Volk auf das Tiefste verabscheut. Wenn ich an meine vielen, vielen Freunde denke, kann ich mir keinen einzigen vorstellen, der nicht über diese Grausamkeiten empört sein würde. Nein, das deutsche Volk hat damit nichts zu schaffen, es würde in erster Linie die Schuldigen bestrafen, wenn es die Freiheit dazu hätte.

Man sollte darum keinen Haß auf das Volk haben und soll nicht die Schuld auf alle Deutschen überwälzen. Begeht man solch einen psychologischen Fehler, müßte das für das deutsche Volk von verzweifelnder Wirkung sein. Ihm ist die Heimat zerschlagen, eine große Reihe von Städten wurde dem Erdboden gleichgemacht. Uraltes Kulturgut, unersetzliche Werte verfielen der Zerstörung. Die Innenstadt von Nürnberg, dieses Schatzkästlein abendländischer Vergangenheit, Dresdens prunkvoller Zwinger, Würzburgs heiteres Barock – alles das gibt es nicht mehr. Millionen von Deutschen wurden vertrieben, sie sind heimatlos und völlig verarmt, Hunderttausende von Zivilisten im Bombenhagel getötet. Und doch, ich bin überzeugt, unser Volk haßt nicht, mit ein wenig Großmut und Güte kann man das ganze Volk gewinnen, man soll es nicht zum Haß führen. Ist nicht genug daran in der Welt gewesen? Müßte nicht endlich in ihr einmal der Wunsch nach Ausgleich und Frieden sein?
Fahre vom Thumersbach über Kitzbühl nach Berchtesgaden, besuche v. Greim und berichte ihm. Wieder will er Fahrtausweis nach Leopoldskron bei Salzburg. Er ist darin merkwürdig hartnäckig, aber das geht nicht. Mein wiederholtes Anerbieten, Fräulein Reitsch mit mir nach Berchtesgaden zu nehmen, von wo ich sie leicht zu ihren Eltern nach Leopoldskron bringen könnte, findet keine Liebe, wird von beiden abgelehnt und wäre doch die einfachste Lösung.

24. Mai: Fünf Tage habe ich keine Einträge gemacht. Es war immer irgendein Teufel los. Habe nur Zettelnotizen

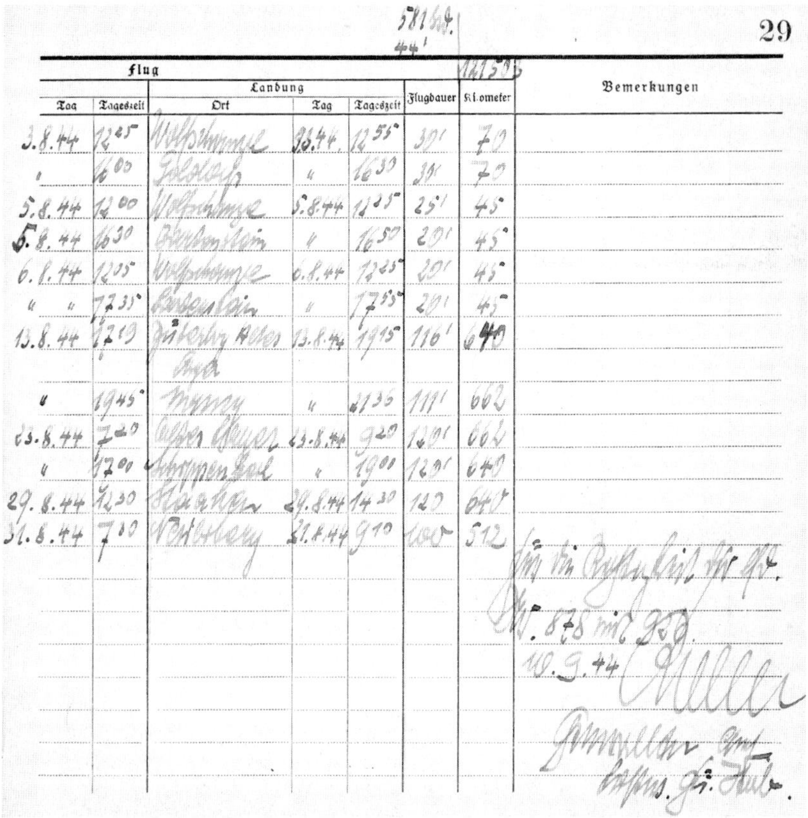

Flug		Landung					
Tag	Tageszeit	Ort	Tag	Tageszeit	Flugdauer	Kilometer	Bemerkungen
3.8.44	12.25	Wolfsschanze	3.8.44	12.55	30'	70	
"	16.00	[illegible]	"	16.30	30'	70	
5.8.44	12.00	Wolfsschanze	5.8.44	12.25	25'	45	
5.8.44	16.30	[illegible]	"	16.50	20'	45	
6.8.44	12.05	Wolfsschanze	6.8.44	12.25	20'	45	
" "	17.35	[illegible]	"	17.55	20'	45	
13.8.44	17.19	Jüterbog [illegible]	13.8.44	19.15	116'	640	
"	19.45	[illegible]	"	21.36	111'	662	
23.8.44	7.20	[illegible]	23.8.44	9.20	120'	662	
"	17.00	[illegible]	"	19.00	120'	640	
29.8.44	12.30	[illegible]	29.8.44	14.30	120	640	
31.8.44	7.10	[illegible]	31.8.44	9.10	100	512	

17 Letzte Seite aus dem Flugbuch der Luftkriegsakademie Gatow

18 Im Jahre 1943

gemacht, die ich nun für die vergangenen Tage zusammenfasse.

Vor meinem Quartier in Prillau hatte ich auch nach der Kapitulation meine eigene deutsche Wache, hier in Strubb einen eigenen Pförtner. Jetzt aber steht ein amerikanischer Posten, und wie ich höre, soll um das ganze Sportschulareal auch ein Zaun gezogen werden. Das ist wohl der Beginn der Gefangenschaft.

Die Zusammenarbeit mit Col. M. ging immer reibungslos. Er spricht ein wenig deutsch, ich ein wenig englisch, wir benötigen keinen Dolmetscher und bereden alle Probleme. Er erwies sich immer mehr als ein sehr angenehmer, ruhiger und vernünftiger Mann.

Meine Abteilungen aus Thumersbach sind inzwischen ebenfalls hierher umgezogen, so daß wieder alles vereinigt ist. Sie fuhren ganz allein, ohne jede amerikanische Bewachung oder Begleitung.

Seit dieser Verlegung des Reststabes in die Sportschule ist auch die Bewegungsfreiheit für das ganze männliche Personal wesentlich beschränkt worden. Sie wird nur als Ausnahme in dienstlichen Angelegenheiten und nur von Fall zu Fall gewährt. Nur ich selbst habe noch Dauergenehmigung und volle Bewegungsfreiheit.

Ich habe mir Gedanken gemacht, wie das mit der, uns auch über das Dienstende hinaus gesetzlich auferlegten Schweigepflicht ist. Auch die Offiziere sprachen darüber und zeigten sich beunruhigt. Es erwies sich als notwendig, allgemeine Verhaltungsmaßregeln zu geben. Zunächst ließ ich mir von einem Generalrichter ein Rechtsgutachten fertigen, das aber kein eindeutiges Bild gab. Man konnte daraus ebenso lesen, daß ich den

Umständen entsprechend mir das Recht nehmen könnte, die Offiziere von ihrer Schweigepflicht zu entbinden, als auch, daß eine solche Befreiung und entsprechende Aussagen als Verletzung der vaterländisch-soldatischen Pflicht ausgelegt werden könnten. Bei einer mündlichen Unterredung bekannte sich der Generalrichter dazu, daß es sowohl notwendig, als rechtlich zu vertreten sei, die erforderlichen Aussagen zu machen. Irgend etwas mußte geschehen. Die Beunruhigung durch die über uns hinweggehende Katastrophe, die Unsicherheit der Lage der Einzelnen und des Ganzen, das Dunkel unserer Zukunft ist bei allen so beträchtlich, daß eine allgemeine Ausrichtung unbedingt erfolgen mußte. Und für diese konnte nur der nüchterne Menschenverstand maßgebend sein. Paragraphen können in unserer Lage nicht weiterhelfen, sie sind nur noch Papier.

Ich beraumte dann eine Versammlung aller hier anwesenden und mir bisher unterstellten Offiziere und Beamten an und gab die folgenden Richtlinien:

Zum Verhalten bei Vernehmungen:

Nach meiner Meinung kann alles ausgesagt werden, was bereits, da es gewesen, Geschichte geworden ist. Gliederung, Organisation, Kampfeinsatz der Luftwaffe, wir haben luftwaffenmäßig in keinem Punkt etwas zu verbergen, es kann frei und offen gesprochen werden.

Auch über die Technik moderner Waffen, einschließlich der Geheimwaffen, kann auf Befragen gesprochen werden. Die Gegner haben ganz Deutschland besetzt, sie haben alle Waffen und Pläne sicher im Besitz, also ist hier, auch wenn man wollte, kaum etwas zu verbergen.

Außerdem hätte Verbergen gar keinen Zweck, denn bis diese Dinge vielleicht in ferner Zeit wieder nutzbar gemacht werden könnten, sind sie längst überholt.
Worüber man nicht genau Bescheid weiß oder nur vage Gerüchte kennt, weil es noch Planung auf Zeichentischen oder in Laboratorien war, soll man nicht sprechen, das stiftet nur Verwirrung, außerdem sind solche Sachen geistiges Eigentum von Technikern, Wissenschaftlern und der deutschen Wirtschaft, die selbst darüber zu verfügen haben.
Alle Erkenntnisse und Unterlagen, die während des Krieges in Ost und West gewonnen wurden, können übergeben werden.
Für selbstverständlich halte ich, daß nicht *leichtfertig* oder gar *böswillig* zum Schaden einzelner oder des Volkes gesprochen wird.
Ich kann nur allgemeine Weisungen geben und keine Regel für jeden möglichen Fall, weil nicht zu übersehen ist, welche Fragen an die Einzelnen gerichtet werden und weil mir gar nicht bekannt ist, was der Einzelne auf den verschiedenen Gebieten überhaupt weiß. Für Rückfragen stehe ich jederzeit zur Verfügung.
Im Laufe der Zeit wird sich zeigen, wie die Zusammenarbeit geht und wie wir uns dann zu verhalten haben.
Wer sich im Rahmen dieser allgemeinen Richtlinien bewegt, braucht sich keine Gewissensbisse zu machen hinsichtlich Schweigepflicht und dergleichen. Es kann sich jeder auf meine Darlegungen berufen, und ich nehme jedem die Verantwortung damit ab; für die Bewahrung seiner Würde ist natürlich jeder vor seinem Gewissen selbst verantwortlich.

Dann führe ich weiter aus:
»Deutschland kann allein aus sich selbst aus dieser Katastrophe nicht herausgelangen.
Es wird bei seiner geographischen Lage im Herzen Europas weder mit Erfolg neutralisiert werden können, noch wird ihm auf die Dauer ein Ausgleich nach zwei Seiten gelingen. Die Gründe dafür liegen außerhalb Deutschlands. Deutschland wird sich für die eine oder andere Seite entscheiden müssen, das wird die Zukunft beweisen.
Zusammenarbeit zwischen Deutschland und Rußland wäre wohl möglich, aber nicht möglich scheint mir die Zusammenarbeit zwischen Deutschland und dem sowjet-kommunistischen Rußland, auch nicht als eine reine Zweckverbindung von vorübergehender Dauer. Solche Verbindung dürfte nur dann möglich sein, wenn Deutschland kommunistisch würde. Daß die Deutschen aber kommunistisch werden wollen, das kann ich nicht glauben, trotz der heutigen Not und der so einseitig gewordenen Besitzverhältnisse. Unser Volk steht dazu in seiner Kultur und auch zivilisatorisch zu hoch, besonders auch die breite Masse der Werktätigen. Für sie würde es, soweit wir das bis jetzt beurteilen können, einen erheblichen Abstieg in ihren Lebensgewohnheiten bedeuten. Und der deutsche Arbeiter ist zu intelligent, als daß er sich freiwillig auf eine niedrigere Stufe herabdrücken ließe. Der kommunistische Osten ist in seiner ganzen Denkweise und Auffassung für uns asiatisch und undurchsichtig.
Die Deutschen sind ein Kernvolk des Abendlandes. Sie gehören nach ihrer jahrtausendealten Tradition, nach

ihrer Kultur und ihrem geistigen wie christlich-weltanschaulichen Denken zum Westen und zu Europa. Einmal werden auch sie wieder auf diesem Kontinent ihre Bedeutung haben. So weh es uns tun mag, gegenwärtig am Boden zu liegen, ein Gutes sprießt auch aus dieser Zeit. Nämlich die Erkenntnis, daß die Grenzen der europäischen Nationalstaaten überholt sind. Sie waren es meines Erachtens schon seit der Jahrhundertwende, obgleich die Völker das nicht erkannt hatten und die politischen Staatsführungen es nicht wahr haben wollten.

Was sind heute denn Länder von den Größenverhältnissen etwa des früheren Deutschland, Frankreichs, Englands, Italiens, Spaniens? Sie können auch im Frieden nicht für sich alleine leben, ihre Wirtschaft braucht die Brücke über Völker und Staaten. Die Entfernungen sind so nahe gerückt, daß die bisherigen Grenzen nur Hindernisse für eine freie und vernünftige Entwicklung wurden. Und im Kriege könnte keins der genannten Länder sich allein gegen einen Feind behaupten, der in der Luft gleichstark oder gar überlegen wäre. Um sich gegen moderne Waffen durchzusetzen, benötigt man heute weite Räume, vorgeschobene Peripherien, sonst hat man überhaupt weder Platz noch Zeit, um auch nur seine Abwehr gegen die Geschwindigkeit des Gegners in Aktion zu bringen.

Länderbezirke in ihrer derzeitigen Form haben sich überlebt. Daher muß logisch das größere und einheitlich zusammengefaßte Staatengebilde kommen, ein vereintes Europa, ja, ich gehe sogar so weit, zu sagen: ein

vereintes Europa unter einer einzigen zentralen Regierung.
Jeder muß bereit sein, nationale Sentiments abzustreifen.
Es ist gar nicht so wichtig, ob wir ein Deutsches Reich sind, wesentlicher wäre es, die Provinz oder ein Staat Deutschland innerhalb eines europäischen Gebildes zu sein, gleichberechtigt mit den übrigen. In einer solchen Stellung hätten wir dann unsere Aufgabe zu erfüllen.
Denn auch Europa kann nicht ohne Deutschland leben, wie kein Körper bestehen kann, dem man das Herz herausschneiden würde. Auch Europa kann nicht auf Tüchtigkeit, Fleiß und die biologische Stärke unseres Volkes verzichten. Uns aber werden in dem vereinten und neuen Kontinent Aufgaben erwarten, die nicht geringer sind als jene unserer bisherigen Geschichte.
Das ist mein Glaube an Deutschland. Das ist mein Glaube an eine Zukunft, die die Jüngeren von Ihnen noch vor sich haben.«

Inzwischen ist auch der amerikanische General H. eingetroffen, den mir Col. M. bereits angekündigt hatte. Ich werde zu einer Unterredung in den Berchtesgadener Hof gerufen, um einen schriftlichen Befehl entgegenzunehmen.
Ich nahm die Anordnung entgegen. Der General H. spricht anscheinend nicht deutsch. Der anwesende Dolmetscher taugte wenig. H. las mir den Befehl erst englisch vor, dann konnte ich das ausgehändigte Exemplar noch für mich studieren. In diesem Befehl wurde ich kommissarisch zum Ältesten und Vorgesetzten des

OKL bestimmt (an dessen Spitze war ich bisher auch, anscheinend sollte das durch diesen Akt für die Abwicklungsarbeiten gleichsam bestätigt werden), dann kamen Seiten von Aufträgen und Bestimmungen, was ich alles zu veranlassen, zusammenzustellen und zu übergeben habe. Auch ein Absatz mit Strafdrohungen bis zur Todesstrafe bei »Nichterfüllung von ... usw.« oder bei »Verstoß gegen ... usw.« fehlte nicht. Das wird also überall gleich gehandhabt.

Zwischendurch war ich nochmal bei v. Greim in Kitzbühl.

Im Lazarett fing mich der Generaloberstabsarzt Prof. Dr. S. ab und berichtete: »Ich bin im Auftrag des Feldmarschalls in Leopoldskron gewesen, um nach der Familie Reitsch zu sehen. Als ich dort eintraf, fand ich niemanden vor. Ich fragte nach Herrn Reitsch, der war nicht da, dann nach Frau Reitsch, sie war auch nicht da. Schließlich erkundigte sich der Hausmeister, mit dem ich sprach, ob ich denn nicht wüßte, was passiert sei. Er erzählte mir, daß Herr und Frau Reitsch, ferner die Schwester der Hanna Reitsch mit ihren beiden Kindern und das Dienstmädchen bei dem letzten Bombenangriff auf Salzburg, in den allerletzten Tagen des Krieges, getötet worden seien. Fräulein Reitsch haben wir gestern schon unterrichtet, sie hat es sehr gefaßt ertragen.«

Das Zimmer von Greim ist verdunkelt, zum Gedenken der Toten stehen auf einem Tischchen Bilder der Familie Reitsch, von Blumenschmuck und einer brennenden Kerze eingerahmt.

Dieses tragische Schicksal der Familie ist entsetzlich.

Ich habe Hanna Reitsch mein tiefempfundenes Mitgefühl ausgesprochen.
Sie und auch v. Greim erschienen mir an diesem Tage irgendwie unnatürlich verschlossen, verkrampft und wie abwesend. In ernsthafter Sorge um sie beide habe ich sie verlassen.
Daher bat ich, wieder in Strubb, den Col. M., sich dafür einzusetzen, den Feldmarschall doch ja in Kitzbühl zu lassen und ihn nicht irgendwo andershin zu verlegen, ich befürchtete, daß er eine solche Verlegung in seinem derzeitigen Zustand nicht ertragen würde.
Zwei Tage später kam Col. M. und sagte mir: »Es ist schlimm, so viele hohe deutsche Führer zerstören sich selbst. Wir haben Sorge, daß Deutsche die Nerven verlieren. Das darf nicht sein, helfen Sie mit, Sie dürfen – alle – Nerven nicht verlieren.«
Ich ahnte, daß er einen besonderen Grund haben mußte zu dieser Rede, aber er behauptete auf Befragen, daß er keinen direkten Anlaß hätte zu seinen Worten. Als Col. M. jedoch am Nachmittag wieder in der gleichen Weise zu mir sprach, da wußte ich bestimmt, daß etwas geschehen sein mußte, was uns unmittelbar betraf, dachte natürlich an Greim und schließlich gestand mir Col. M.: »Feldmarschall von Greim ist in das Lazarett nach Salzburg gebracht worden und hat sich dort selbst zerstört.«
Hanna Reitsch wurde im Lazarett Kitzbühl als Hilfsschwester zurückgelassen.
Auch wenn der Tod von Greim, nach allem was in der letzten Zeit vorausgegangen war, keine Überraschung mehr sein konnte, so ist dieses Ende des Feldmarschalls,

der von allen seinen Soldaten als Mensch immer hoch verehrt wurde, doch tief erschütternd.
Ich darf hier einfügen, daß ich die Einzelheiten der Tragödie erst viel später erfahren habe. Der Tod der Familie Reitsch ist mir nicht richtig dargestellt worden. Was Generaloberstabsarzt Prof. Dr. S. mir berichtete, geschah, wie er später, sich entschuldigend, erklärte, auf Greims ausdrücklichen Befehl, der diese Schilderung selbst erfunden hatte und die gegen jedermann aufrechterhalten werden sollte. In Wahrheit hat Herr Reitsch die ganze Familie und dann sich selbst erschossen.
Und der Feldmarschall v. Greim sollte von Salzburg nach England gebracht werden. Er war auf dem Flugplatz in Salzburg mit dem Oberstleutnant Kienitz vom OKL und anderen zusammengetroffen, um von dort abzufliegen. Das Flugzeug kam aber nicht, und die Wartenden wurden für die Nacht im Salzburger Lazarett untergebracht. Am nächsten Morgen äußerte Greim, er sei sich noch nicht klar darüber, was er tun werde, die Aufgaben der Zukunft seien für die Jüngeren bestimmt, seine Ideale vernichtet. Darauf zog er sich wieder in sein Zimmer zurück, um noch zu ruhen, sein Bein schmerzte ihn. Als man dann mittags fliegen wollte, war Greim nicht am Flugplatz. Das Flugzeug erschien neuerdings nicht, man kehrte wieder ins Lazarett zurück. Auf Erkundigungen bei dem Arzt, wo der Feldmarschall geblieben sei, erfuhr der Oberstleutnant K., daß der Feldmarschall sich im Laufe des Vormittags mit Cyankali vergiftet hatte.

Meine Funkstellen sind immer noch intakt und in Tätigkeit. Habe wieder Verbindung mit meinem Verbindungskommando Christian im Norden, in Flensburg. Dorthin hat der Oberbefehlshaber der russischen Truppen über das OKW Verbindung. Marschall Schukoff fordert allerhand Unterlagen von der Luftwaffe, die das Verbindungskommando nicht liefern kann und seinerseits wieder bei mir anfordert.

Die Amerikaner wünschen, daß Christian mit seinen Leuten vom Norden heruntergeholt wird. Mir sehr recht, dann habe ich das ganze OKL wieder beisammen und die Abwicklung wird dadurch erleichtert.

Den Amerikanern habe ich dringend vorgeschlagen, unsere Luftnachrichtenabteilungen, besonders die sehr gut ausgerüsteten Luftnachrichtenbauabteilungen, von denen sich 10 in Tirol eingefunden haben, nicht sogleich aufzulösen, sondern unter amerikanischer Aufsicht einheitlich einzusetzen zur Instandsetzung der Nachrichtenverbindungen von Post und Bahn.

Der Vorschlag wurde gut aufgenommen, jedenfalls sind die Abteilungen vorerst mal zu diesem Zweck geschlossen auf dem Marsch nach Deutschland.

Ähnlich habe ich vorgeschlagen, noch vorhandene RAD- und OT-Einheiten, und die ganzen Truppen sofort geschlossen einzusetzen zur Herstellung von Bahnen und Straßen, der Brücken und für andere Wiederaufbauarbeiten, statt sie bis zu ihrer Entlassung in Konzentrationsräumen tatenlos herumliegen und hinter Stacheldraht versauern zu lassen.

25. Mai: Col. M. macht mir am Vormittag eine Andeutung, daß es sein könnte, daß ich und einige andere Offiziere in das Hauptquartier des Generals Eisenhower kommen müßten. Es bestehe der Wunsch, mich für einige Arbeiten dort zu haben. Das wäre aber nur eine ganz kurze Sache und würde nur einige Tage dauern.

Das kann man glauben oder nicht, uns hat das Leben gelehrt, fast nichts mehr zu glauben. Ich befürchte, daß dies der Abtransport in die Gefangenschaft sein wird.

Am Nachmittag übermittelt Col. M. mir den Befehl, daß ich am 26. Mai in das Hauptquartier von General Eisenhower abfahren solle, um dort einige Vorträge zu halten. Der Weg solle zuerst am 26. Mai nach München oder Kaufbeuren, dann in die Gegend Frankfurt und von dort zu Eisenhower gehen.

Die Übergabe meiner Geschäfte bereitet mir keinen Kummer. Ich übertrage sie Generalmajor Schulz.

Abends erscheint Col. M. nochmals. Ich bitte ihn, zu veranlassen, daß ich auf der Fahrt nach München schnell einen kurzen Besuch bei meiner Familie machen kann. Er verspricht mir das auch.

26. Mai: Als ich vormittags von Strubb abfahre, ist das ganze OKL vor dem Gebäude, in dem ich wohnte, angetreten. Offiziere, Beamte, Soldaten und Helferinnen. Ich wollte das nicht haben, aber sie ließen es sich nicht nehmen. Beim Heraustreten spreche ich von den Stufen des Hauses einige Worte. Ein Dank für die treue Unterstützung und für die Anhänglichkeit.

Zum letzten Male stehe ich hier vor ihnen. Es ist ein Abschied von einem ganzen Leben, nach einem Dienst von mehr als 30 Jahren.

Auch Col. M. und andere amerikanische Offiziere, mit denen ich bisher zu tun hatte, sind gekommen.

Mein Begleiter für die Fahrt ist der amerikanische Major van D. Unser Wagen hält vor dem Hauptflügel. In einem zweiten Wagen fahren der Generalnachrichtenführer, General der Luftnachrichtentruppe Martini, sein Chef des Stabes, Oberst i. G. Morgenstern und Oberst i. G. Wolter.
Major van D. ist ein sehr liebenswürdiger, taktvoller Begleiter. Wir fahren durch München, er hat hier früher studiert und kennt München, wie es einmal war, und ist ehrlich bekümmert über den Zustand der Stadt von heute. Er erzählt, daß er sich immer gefreut hatte, seinen Kindern einmal München zeigen zu können und daß er ihnen schon immer vorgeschwärmt hatte; nun sei all das Schöne des alten München nicht mehr.
Wir sind in Kaufbeuren, hier wird Unterkunft für die nächste Nacht mit Strohsäcken und Decken vorbereitet. Ich denke schon, daß es mit dem Besuch bei meiner Familie nichts mehr sein wird; denn wir sind zunächst dicht daran vorbeigefahren, jetzt aber wieder an 120 Straßenkilometer entfernt, da sagt mir der sympathische Major van D., er werde mich jetzt zu meiner Familie bringen und morgen wieder abholen.
Am Spätnachmittag bin ich daheim. Alle sind glücklich darüber. Meine Frau und die Kinder hausen ein wenig abgesetzt vom Ort in einer Kriegswohnung; meine Mutter und mein Bruder, die in Glonn selbst wohnen, kommen dahin. Leider vergehen die Stunden im Nu. Auch aus der Nachbarschaft kommen rasch Besucher.
27. Mai: Mittags kommt der Major van D. wieder. Er nimmt noch eine kleine, von meiner Frau angebotene

Stärkung, unterhält sich mit meiner Frau und meiner Mutter.
Ich verabschiede mich. (Zweieinhalb Jahre wird es dauern, bis wir uns wiedersehen.)
Auf dem Flugplatz von Kaufbeuren verabschiedet sich Major van D. Wir warten auf dem glühheißen Rollfeld stundenlang auf das Flugzeug, mit dem es weitergehen soll. Ich lasse mir derweilen von meinen Kameraden über ihr Ergehen berichten. Sie sind inzwischen nicht alle ungerupft geblieben. Spät nachmittags trudelt die Douglas ein, wir fliegen bis Wiesbaden, von dort geht es nach längerer Pause weiter.
Wir sind Flieger genug, um die Geographie Europas auch ohne Karte zu kennen und stellen sehr schnell fest, daß der Kurs etwa Nordwest ist. Er zeigt durchaus nicht zu General Eisenhower. Bald erkennen wir voraus die Eifel, dann Belgien und schon die Kanalküste, nach ihr die Themsemündung, alles uns allen sehr wohlbekannte Bilder.
Wir landen, soweit wir uns nach dem Tiefergehen im einzelnen orientieren können, etwa nördlich von London und rollen von da mit einem Autobus in das englische Vernehmungslager Camp 7.
Hinter uns schließen sich die Türen von Gefangenenzellen.
Ich denke an meine Frau. Heute ist Sonntag und unser Hochzeitstag.

Personen- und Dienststellenregister

Personen:

Axmann, Arthur, Reichsjugendführer. Am 1. Mai aus Berlin geflohen, fand auf der Straße jenseits der Brücke der Invalidenstraße über die Eisenbahn die Körper von Reichsleiter Martin Bormann und Stumpfegger (Chirurg-Orthopäde, Schüler von Prof. Gebhardt, Hohenlychen, ab Herbst 1944 Arzt Hitlers). Nach Axmann waren beide tot, vermutlich durch russisches Feuer getötet. 147

Baur, Hans, Flugzeugführer Hitlers. Beim Fluchtversuch aus Berlin anscheinend am 2. Mai schwer verwundet in russische Gefangenschaft geraten. Dort hat ihn, nach Beinamputation in einem Lazarett, J. Jakobeck – Kellner im Führerzug – getroffen.

Below, Nicolaus, von, Oberst der Luftwaffe, »Adjutant der Luftwaffe beim Führer«, verließ den Führerbunker in der Nacht vom 29./30. April mit einem Nachsatz zu Hitlers Testament. 26, 52, 56, 61, 68, 95, 147

Boldt, Gerhardt, Rittmeister, Ordonnanzoffizier von General Krebs. (Siehe auch Freytag-Loringhoven.) 95

Bormann, Martin, Reichsleiter, Chef der Parteikanzlei nach Rudolf Heß. Verließ den Bunker am 1. Mai, um sich zu Dönitz durchzuschlagen, wurde dabei wahrscheinlich getötet. (Siehe auch Axmann.) 32, 38, 54, 64f, 68, 73, 77f, 81, 87f, 95, 99, 109ff, 124ff, 137, 147, 170

Bouhler, Philipp, Reichsleiter, hat sich nach der Gefangennahme in Schloß Fischhorn bei der Einlieferung in das Lager Dachau vergiftet. 64f, 68f, 74, 115, 168ff

Bouhler, Frau ..., tötete sich durch Sturz aus dem Fenster. 168, 170

Brauchitsch, Bernd, von, Oberst i. G. der Luftwaffe, »Chefadjutant des Reichsmarschalls«. 40ff, 57, 64, 67ff, 72, 74, 76f, 117ff, 121, 128, 142

Brause, SS-Standartenführer, beauftragt mit der Bewachung Hermann Görings in Mauterndorf. 126f, 137

Bredow, SS-Obersturmführer auf dem Obersalzberg. 74ff

Burgdorf, Wilhelm, General der Infanterie, Chef des Heerespersonalwesens. Chefadjutant der Wehrmacht beim Führer, Nachfolger von General Schmundt. (Siehe auch Krebs.) 95, 147

Büchs, Oberstleutnant i. G. der Luftwaffe, Verbindungsoffizier des Chefs des Generalstabes der Luftwaffe beim Chef des Wehrmachtführungsstabes Generaloberst Jodl. 95ff

Christian, Eckhard, Generalmajor der Luftwaffe, war als Verbindungsoffizier des Chefs des Generalstabes der Luftwaffe Generaloberst Jeschonneck zum Wehrmachtführungsstab lange Zeit im Führerhauptquartier, heiratete als zweite Frau die Sekretärin Hitlers Frl. Gerda Daranowski. Beim Tode Jeschonnecks wurde er von Hitler persönlich als Ia in das Oberkommando der Luftwaffe gesetzt, seine Versetzung von dort durfte nach schriftlichem Befehl Hitlers nicht ohne dessen ausdrückliche Genehmigung erfolgen. Nach dem Tode des General Korten und dem vorübergehenden Ausscheiden des General Koller aus dem OKL nach dem Attentat am 20. 7. 1944 wurde Christian dessen Nachfolger als Chef des Luftwaffenführungsstabes. Im Januar 1945 hat Hitler sein Einverständnis für eine Frontverwendung des Generalmajor Christian gegeben. Sein Nachfolger als Chef des Luftwaffenführungsstabes wurde Generalmajor Schulz. Zum Antritt der Frontverwendung ist es jedoch aus verschiedenen persönlichen Gründen nicht mehr gekommen. Christian leistete weiter Dienst im OKL und war am Schluß Führer des Verbindungskommandos des Chef des Generalstabes der Luftwaffe zum OKW – Stab Nord –, Generaloberst Jodl. 39, 40, 49, 51ff, 58, 60f, 64, 93f, 100, 102f, 114, 121, 126, 164, 194

Christian, Frau Gerda, Sekretärin Hitlers, verließ den Bunker am 1. Mai nach dem Tode Hitlers, gemeinsam mit Frau Junge, Frl. Krueger, Frl. Manzialy, Baur, Hewel, Rattenhuber und anderen. 95

Criegern, von, Generalleutnant im OKL, »Generalquartiermeister der Luftwaffe«. 106, 109, 135, 173

Dawans, Hans, von, Oberst i. G. der Luftwaffe, OKL, Abteilungschef beim Generalquartiermeister der Luftwaffe. 61

Deßloch, Generaloberst, Oberbefehlshaber der Luftflotte 4, dann Luftwaffenkommando Ost, zuletzt nach Bestellung Greims zum Oberbefehlshaber der Luftwaffe Oberbefehlshaber der Luftflotte 6. 123, 178

Dickl, Major i. G. der Luftwaffe, OKL, Führungsstab Ia Flak. 49, 93

Dietrich, Sepp, SS-Obergruppenführer, zuletzt Oberbefehlshaber der 6. Panzerarmee. 58, 173f

Dönitz, Karl, Großadmiral, Oberbefehlshaber der Kriegsmarine, Nachfolger Hitlers. 54, 89, 95f, 102, 125, 127, 129, 144

Epp, Franz, Ritter, von, General der Infanterie a. D., Mitbefreier Münchens vom Terror der Räterepublik 1919, Reichsstatthalter von Bayern. 105f, 168ff

Fegelein, Hermann, SS-Gruppenführer, Himmlers Vertreter im Führerhauptquartier, seit Sommeranfang 1944 als Ehemann von Schwester Gretl der Schwager von Eva Braun 36f, 95, 147, 174

Fegelein, Waldemar, SS-Standartenführer, zuletzt Schloß Fischhorn. 140

Frank, Dr., SS-Obersturmbannführer, Leiter eines dem Reichsleiter Bormann unterstellten SD auf dem Obersalzberg. 77, 79, 82, 85f, 87, 91

Freigang, Major, Ia im Stabe General Konrad, Division Hermann Göring in Karinhall. 46f, 52ff

Freytag-Loringhoven, Freiherr von, Major, Adjutant von General Krebs, verließ den Bunker in der Reichskanzlei gemeinsam mit Rittmeister Boldt und Oberstleutnant Weiß am Nachmittag des 29. April. 95

Galland, Generalmajor, erfolgreicher und bekannter Jagdflieger, dann Waffengeneral und Inspekteur der Jagdflieger, Anfang 1945 abgelöst (durch Oberst Gollob), dann wieder im Fronteinsatz als Führer des Jagdverbandes 44 (Strahljäger). 36, 91

Gerch, Amtmann, Verpflegungsbeamter im persönlichen Stabe Göring. 123f

Gerngroß, Hauptmann und Führer einer Propagandakompanie, aktiv beteiligt an der Aktion »Freies Bayern«. 106

Gießler, Paul, Gauleiter und Reichsverteidigungskommissar im Traditionsgau (Oberbayern). Der Vergiftungsversuch Gießlers und seiner Frau am 2. Mai war erfolglos. (Siehe Text 2. Mai).
Der Kraftfahrer meines Truppenarztes Dr. W., der bereits am 2. Mai mit an der Vergiftungsstelle des Ehepaares Gießler im Märchenwald bei der Ramsau gewesen ist, meldete dann am 5. Mai, daß er am 4. Mai bei der Verlegung von Berchtesgaden nach Thumersbach noch mal an der gleichen Stelle vorbeigekommen ist. Dort sei am Weg ein Kraftwagen gestanden, der Fahrer am Steuer sitzend tot, durch Kopfschuß von hinten getötet, dicht daneben im Wald seien die Leichen von Gießler und Frau gelegen, ebenfalls durch Schüsse getötet. Der Kraftfahrer konnte sich nicht weiter um die Leichen kümmern, weil er Eile hatte, um die Durchfahrt bei Unken noch vor den Gegnern zu erreichen. 131

Greif, von, Oberst i. G. der Luftwaffe, Ia Flieg. im Luftwaffenführungsstab. 63, 71

Greim, Ritter von, Feldmarschall, Kommandierender General des V.

Fliegerkorps, dann Oberbefehlshaber der Luftflotte 6, als Nachfolger Görings Oberbefehlshaber der Luftwaffe, tötete sich nach der Kapitulation durch Gift in einem Lazarett in Salzburg. 19, 81ff, 94f, 97ff, 114ff, 120f, 123, 126f, 140, 142ff, 171f, 176, 184, 191ff

Groß, Oberstleutnant und Staffelkapitän der Kurier- und Transportstaffel des OKL. 50, 61, 79f

Hewel, Walter, Botschafter, Vertreter des Reichsaußenministeriums im Führerhauptquartier, geriet beim Fluchtversuch aus Berlin in russische Gefangenschaft. 95

Himmler, Heinrich, Reichsführer SS – Chef der allgemeinen SS, der Waffen-SS, Reichsminister des Innern, Chef der Geheimen Staatspolizei sowie der gesamten übrigen deutschen Polizei. 20, 26, 48, 53f, 95f, 101, 147, 174, 182

Hofer, Gauleiter von Tirol. 135

Hummel, Dr., SS, gehörte zu dem Vertreterkreis von Bormann auf dem Obersalzberg. 87f

Jeschonnek, Generaloberst, als Nachfolger des General Stumpf Chef des Generalstabes der Luftwaffe bis zu seinem Selbstmord im August 1943. 16f, 85

Jodl, Alfred, Generaloberst, Chef des Wehrmachtführungsstabes. 34, 38, 54f, 57ff, 64, 89, 94, 96ff, 101

Johannmeier, Willi, Major, Adjutant des Heeres beim Führer, Gehilfe von Burgdorf.

Johannmeier, Lorenz und Zander (Siehe diese) entfernten sich als Träger von Hitlers politischen und persönlichen Testamenten am Morgen des 29. April aus dem Bunker. 95

Junge, Frau Gertrud, Sekretärin Hitlers. (Siehe auch Christian, Frau Gerda.) 95

Kammler, SS-Gruppenführer, Generalbevollmächtigter Hitlers für Strahlflugzeuge, früher Baubeamter bei der Luftwaffe, dort entlassen, dann zur SS gekommen, dort Beauftragter für V-Waffen (V 2). 20, 91

Kaltenbrunner, Ernst, SS-Obergruppenführer, Chef des Reichssicherheitshauptamtes. 77, 79, 81, 115, 118ff, 121, 124, 129

Keitel, Wilhelm, Feldmarschall, Chef des OKW. 38f, 54f, 59, 68, 95ff, 164

Kesselring, Feldmarschall, zuletzt Oberbefehlshaber West. 71, 73, 79, 122, 127, 129, 132, 135ff, 139, 175, 178

Kienitz, Oberstleutnant i. G. der Luftwaffe, zuletzt Abteilungschef Ic im OKL. 193

Knipfer, Ministerialdirigent, Chef Luftschutz beim Chef der Luftwehr, RLM, seiner Stellung enthoben Anfang November 1944.

Entgegen Hitlers Befehl im Frühjahr 1945 nicht zur Brigade Dirlewanger gebracht, jedoch ins KZ eingeliefert. 36f

Kobe, Oberst, Stab Luftflotte 6, v. Greim. 176

Konrad, General der Fallschirmtruppe, zuletzt Karinhall mit Stab Division Hermann Göring. 46f, 53

Krebs, Hans, General, Chef des Generalstabes des Heeres, verblieb mit General Burgdorf bis zuletzt in der Reichskanzlei. Vermutlich haben beide ihre Absicht, sich beim Eindringen der Russen zu erschießen, durchgeführt. 41, 43, 46ff, 95

Krueger, Frl. Else, Sekretärin Bormanns. (Siehe auch Christian, Frau Gerda.)

Lammers, Hans Heinrich, Reichsminister, Chef der Reichskanzlei, am 23. 4. in Berchtesgaden mit Göring festgenommen. 66, 69, 74

Ley, Robert, Reichsleiter, DAF. 109ff

Lorenz, Heinz, Reichspressedienst, hat in der Führerlage häufig den Reichspressechef vertreten, war bis 29. April im Führerbunker. (Siehe auch Johannmeier.) 147

Manzialy, Frl., Hitlers Diätköchin. (Siehe auch Christian, Frau Gerda.) 95

Martini, General der Luftnachrichtentruppe, Generalnachrichtenführer der Luftwaffe. 196

Morell, Dr. Theodor, Hitlers Leibarzt, verließ Berlin mit Flugzeug in der Nacht 22./23. April. 63, 171

Morgenstern, Oberst i. G. Luftwaffe, Chef des Stabes des Generalnachrichtenführers der Luftwaffe. 196

Naumann, Goebbels' Assistent im Propaganda-Ministerium. 95

Ondarza, Oberstabsarzt der Luftwaffe, Arzt Görings, bis Prof. Zahler immer mehr an seine Stelle trat und Ondarza eigentlich nur noch Frau Göring behandelte. War mit Göring und Familie festgenommen, begleitete sie nach Mauterndorf und Fischhorn. 42

Pickert, General der Flakartillerie, zuletzt »General der Flakartillerie beim Reichsmarschall«. 122, 135, 137

Pohl, Max, Ritter von, General der Flakartillerie, zuletzt Oberbefehlshaber Luftwaffenkommando Italien. 122f, 128, 135ff

Puttkammer, von, Konteradmiral, »Adjutant der Kriegsmarine beim Führer«. 72, 80

Rahn, Gesandter, Diplomat. Vertreter bei der Regierung Mussolini. 135

Rattenhuber, Hans, SS-Brigadeführer und Generalmajor der Polizei, »Kommandeur des Führer-Schutzkommandos«. (Siehe auch Christian, Frau Gerda.) 95

Röttiger, General des Heeres, Chef des Generalstabes, Oberbefehlshaber Süd-West, Generaloberst Vietinghoff. 122, 136

Rudel, Oberst und Kommodore eines Schlachtgeschwaders, Spezialist für Panzerbekämpfung mit Flugzeugen. 34ff, 48, 93, 103

Sauer, Hauptdienstleiter, Abteilungschef der Beschaffungsabteilung des Ministeriums für Rüstung und Kriegsproduktion und beauftragt mit der Ausschöpfung aller Industrie- und Produktionskapazitäten zur Durchführung der Rüstungsprogramme. 91, 150

Schmid, Beppo, Generalleutnant der Luftwaffe, früher Abteilungschef Ic beim Reichsminister der Luftfahrt und Oberbefehlshaber der Luftwaffe, zuletzt Oberbefehlshaber Luftwaffenkommando West. 90

Schörner, Feldmarschall, zuletzt Oberbefehlshaber Heeresgruppe Mitte. Ostfront. 142ff

Schulz, Generalmajor, früher Chef Generalstab Luftflotte 4, zuletzt Chef des Luftwaffenführungsstabes. 71f, 75, 82, 112, 117ff, 121, 195

Schwartz, Reichsschatzmeister der Partei, zuletzt in Thumersbach in Tirol. 170

Speer, Chef OT; Rüstungsminister. 32f

Stumpf, Generaloberst, Oberbefehlshaber Luftflotte Reich. 51, 103

Taylor, amerikanischer General, Kommandeur der 101. amerik. Airborne-Division, Verteidiger von Bastogne während der Ardennenschlacht. 175, 177

Vietinghoff, Generaloberst, Oberbefehlshaber Süd-West Italien. 59, 122, 127, 135f

Vielbig, Oberst, Adjutant v. Greim. 172, 176

Voß, Konteradmiral, Verbindungsoffizier der Kriegsmarine zum Wehrmachtführungsstab. Beim Verlassen von Berlin von den Russen gefangengenommen. 95

Weiß, Oberstleutnant, Adjutantur Burgdorf. (Siehe auch Freytag-Loringhoven von.) 95

Wenk, General, Oberbefehlshaber der 12. Armee. 59

Winter, General, Wehrmachtsführungsstab, Führungsstab B im Südraum. 88f, 115, 138f

Wolter, Oberst i. G. Luftwaffe, zuletzt als Chef Generalstab Luftwaffenkommando West abgelöst und zur Verfügung beim OKL. 71f, 112f, 115, 117ff, 154, 196

Zander, SS-Standartenführer, Gehilfe Bormanns. (Siehe auch Johannmeier.)

Dienststellen

OKW	=	Oberkommando der Wehrmacht 39, 55, 57, 59f, 72, 88ff, 94f, 99, 115, 126, 132, 134, 160, 163, 175, 194
OKH	=	Oberkommando des Heeres 57
R.d.L. u. Ob.d.L. (Ursprüngliche Bezeichnung der obersten Luftwaffenführung.)	=	Reichsminister der Luftfahrt und Oberbefehlshaber der Luftwaffe
OKL	=	Oberkommando der Luftwaffe 39, 40f, 49f, 60, 63, 68, 71, 106, 109f, 126, 132, 134, 140f, 154, 163, 175, 178f, 190, 193ff
RLM (nach der organisatorischen Trennung Herbst 1943)	=	Reichsluftfahrtministerium
OT	=	Organisation Todt 31, 194
RAF	=	Royal Air Force 175
USAAF	=	United States Army Air Force 175
Kurfürst	=	Deckname für das rückwärtige Hauptquartier des OKL Wildpark-Werder
Robinson	=	Deckname für den Gefechtszug und das vorgeschobene (bewegliche) Hauptquartier des OKL 178
Wolfsschanze	=	Hauptquartier Hitlers bei Rastenburg in Ostpreußen 29

Anhang

Das Urteil der Spruchkammer im Entnazifizierungsverfahren

Abschrift
von Abschrift

München, den 10. November 1948

Die Spruchkammer
München X v. d/Pr.
Aktenzeichen X/6488/47

Auf Grund des Gesetzes zur Befreiung von Nationalsozialismus und Militarismus vom 5. März 1946 erläßt die
Spruchkammer X München, bestehend aus
1. v. D. als Vorsitzender
2. Sch. als Beisitzer
3. F. als Beisitzer

gegen Karl Koller, geb. 22.II.98 in Glonn, ehem. General d. Flieger
wohnhaft: Glonn bei München, Kloster Zinneberg
auf Grund im schriftlichen Verfahren folgenden

Spruch:

Der Betroffene ist »überhaupt nicht Belasteter«
Es werden ihm folgende Sühnemaßnahmen auferlegt:

1.) Das Verfahren wird eingestellt.
2.) Die Kosten des Verfahrens trägt die Staatskasse.

Antrag des Klägers vom 16.9.48: Hauptschuldiger – Gruppe I, mit dem Anheimgeben gemäß Teil 3 Ziff. 3 der II. Abänderung des Gesetzes vom 25.3.48 in eine günstigere Gruppe einzustufen.

Belastungen: NSDAP 1923 – ca. 5–6 Monate
Chef des Gen.Stabes im O.K.L. ab 23.11.44,
General der Flieger ab 1.12.44
Meldebogen vom 21.9.47 und Arbeitsblatt.

1.) Als Mitglied der Partei vor dem 1.5.37 fällt er nach A D II/4 in die Klasse II der Gesetzesanlage.
2.) Als Generalstabsoffizier im OKL nach 1938 fällt er nach A II in die Klasse I der Hauptschuldigen.
In beiden Fällen handelt es sich um eine Präsumtiv-Belastung, die gem. Art. 10 bzw. Art. 6 zu widerlegen ist.
Zu 1.) ist auszuführen, daß er seit 1920 der Landespolizei angehörig, der alten NSDAP im Jahre 1923 beigetreten, aber nur wenige Monate ihr Mitglied geblieben ist. Schon am 8./9. XI. 23 ist sein Austritt erfolgt und bereits am 9. XI. 23 wird er von seiner vorgesetzten Behörde, der Landespolizei, zur Niederschlagung des Hitlerputsches, zum

Kampf gegen den NS eingesetzt. Er erfüllt hier also mehr als den Tatbestand des Art. 39 II/1, denn er trat nicht nur aus der Partei aus, sondern bekämpfte sie. Damit ist nach Ansicht der Kammer die gesetzliche Vermutung nach AD II/4 widerlegt.

Zu 2.) Das Hauptbelastungsmoment bildeten seine Generalstabsstellungen.
Ab 1.9.43 Chef des Luftwaffenführungsstabes
ab 23.11.44 Chef des Generalstabes im OKL.

Das sind formale Belastungen gem. A L I 2, die im einzelnen zu untersuchen und zu prüfen Sache der Kammer war.

Die sehr umfangreiche Akte des Betreffenden mit über 100 Erklärungen und eidesstattlichen Versicherungen enthält nur 2 Belastungen, die aber aus derselben Quelle stammen. Die eine in den Handakten des Hess. Staatsministeriums im Arbeitsblatt vom 18.1.48, Spalte 5, besagt:

»Fanatischer Militarist, als Vorgesetzter streng aber gerecht, kein Nazi, in der Heimat hilfsbereit gegen pol. Verfolgte«

Ortsverein der SPD Glonn.

Anlage 11 vom Ortsobmann der SPD Glonn enthält die zweite Belastung:

»er ist jedoch wegen seines allzeit soldatischen Auftretens nicht beliebt«

und weiter:

»Koller war bestimmt auch ein Nutznießer des 3. Reiches, da er normalerweise nicht so schnell wäre befördert worden, womit auch ein recht angenehmes Erleben des Krieges in der Heimat für seine Familie verbunden war«.

Zwar wird eingangs der Anlage 11 festgestellt, daß »der Betr. wie auch seine Frau nie ein Interesse an der NSDAP zeigten, auch nie Verkehr mit hiesigen Amtswaltern der Partei pflegten«, daß »im Gegenteil ein ziemlich gespanntes Verhältnis zwischen denselben bestand, da Koller 1936 einigen in politischer Haft befindlichen Gegnern der Partei behilflich war, enthaftet zu werden und dies auch erreichte«. Aber es muß ihm »angehängt« werden, daß er »fanatischer Militarist« und »bestimmt auch« Nutznießer des 3. Reiches war.

Das deutsche Volk macht es sich mit der Be- und Verurteilung derjenigen Persönlichkeiten recht leicht, die auf Grund ihrer Fachkenntnisse und Erfahrungen in hohe militärische Stellen aufgerückt sind, ohne sich erst mal Rechenschaft darüber zu legen, wieso es denn eigentlich dazu kam, daß z. B. dieser Betroffene, der von 1920 bis 1935 Beamter der Landespolizei war und der nach 15 Pol.Dienstjahren am 1.5.33 Hauptmann wurde, durch Gesetz in die Wehrmacht überführt wurde.

Die Weimarer Republik mit ihren 34 Parteien war abgelöst worden durch Hitler, den das deutsche Volk mit überwältigender Stimmenzahl gewählt und mit unbeschränkten Vollmachten ausgestattet hatte. Damals – wie übrigens in besorgniserregender Weise auch heute wieder – waren die

Parteien Selbstzweck, nicht Mittel zu diesem Zweck, der Allgemeinheit des Volkes zu dienen. Damals – wie heute – versteifte man sich auf Parteidoktrinen ohne Rücksicht darauf, ob sie sich nicht inzwischen, gemessen an den damaligen und heutigen Verhältnissen, lange überlebt hatten. Damals, wie heute, kämpfte man theoretisch gegen den herannahenden Gegner der Demokratie und gab ihm in der Praxis durch Parteihader und völlige Unzulänglichkeit, die schwebenden politischen und wirtschaftlichen Fragen auch nur einigermaßen zu meistern, immer mehr Auftrieb. An warnenden Stimmen hat es damals so wenig gefehlt wie heute. Videant consules no quid detrimenti res publica capiat. Der Weg Frankfurt–Bonn zur SED ist nicht so weit, wie man anzunehmen scheint und verkürzt sich in um so schnellerem Tempo, als die mit noch so schön klingenden »Ismen« verbrämte politische Eigenbrödelei die brennendsten wirtschaftlichen und politischen Tagesfragen in den Hintergrund treten läßt. Aber ohne die nur nebenbei erwähnten darum nicht weniger ernsten Zukunftsaussichten weiter beleuchten zu wollen, die nun auf den Ton gestimmt sein sollen: »discite moniti«, ist für die Vergangenheit für den vorliegenden Fall, doch die Frage zu stellen »Was ist Ursache, was Wirkung? Aus dem politischen Bankrott der Weimarer Republik folgte die Diktatur eines Hitler, folgte die Vergrößerung der Wehrmacht, folgte durch Gesetz der Berufswechsel des Betr. vom Polizeihauptmann zum Offizier der neugebildeten Luftwaffe.

Man malt aus Anlaß einiger jüngst ergangenen Spruchkammerurteile, ohne auch nur einigermaßen erschöpfende Kenntnis der betr. Fälle und der Gründe, die diese Urteile rechtfertigen, in düsteren Farben das Gespenst der »Renazifizierung« an die Wand. Wenn eine solche Gefahr vorliegt, so wegen der Tatsache, daß auf vielen anderen Gebieten der »demokratische Phönix« sich allzu lange Zeit läßt, aus der »nazistischen Asche« zu erstehen. Als solche Gebiete seien nur genannt: Wohnungsproblem, Preisschere (nicht durchgeführtes Enthortungsgesetz, keine Preisbindung beim Urproduzenten), Nichterfüllung des Ablieferungssolls, Flüchtlingsproblem, riesige Arbeitslosenzahl auf der einen, ungedeckter Arbeitskräftebedarf (z. B. beim Handwerk) auf der anderen Seite und Korruptionsfälle, denen eine angemessene Sühne, wenn überhaupt, nicht erfolgt. Und wenn man aufmerksamen Blickes durch die Straßen geht und erfährt, daß bei der jetzigen Preisgestaltung die Ärmsten der Armen nicht entfernt mehr in der Lage sind, die ihnen zugestandenen Kalorien der Lebensmittelkarten zu kaufen und die Lebensmittelgeschäfte die ihnen entsprechend zugeteilten Waren nicht mehr absetzen können, so soll man sich nicht wundern, wenn das Volk allmählich – in stumpfer Resignation über so viel politische Kurzsichtigkeit – zu Rezepten greift, die – wie in Stuttgart – dem Wachstum des »demokratischen Baumes« gewiß nicht gerade zuträglich sind.

Was hat also der Betroffene getan, daß seine

Beurteilung als »fanatischer Militarist« und »Nutznießer« rechtfertigen könnte?
Er wurde im August 1935 durch Gesetz in die Wehrmacht überführt, zu einer Zeit also, wo wohl der größte Pessimist noch nicht an einen Krieg dachte oder denken konnte und wo daher »das Leben des deutschen Volkes noch nicht auf eine Politik der militärischen Gewalt ausgerichtet« sein konnte. (Art. 8 I 1).
Der Betr. sagt von sich: »Ich habe als Soldat meines Volkes die Pflicht getan, die jede Regierung und jedes Land von seinen Söhnen fordert« (Meldebogen Ziff. 13).
Der bekannte englische Heerführer Montgomery formuliert das so: »Der Soldat steht als Diener der Nation über der Politik und das muß so bleiben. Seine Ergebenheit gilt dem Staat und es steht dem Soldaten nicht an, seine Ergebenheit wegen seiner politischen Ansicht zu ändern. Pflicht des Soldaten ist es, ohne zu fragen, allen Befehlen zu gehorchen, die die Armee, d. h. die Nation ihm gibt«.
Und es dürfte wohl keinen objektiv Urteilenden geben, der den Engländern den Vorwurf des Militarismus im Sinne des Art. 8 I 1 machen wollte. Denn, wären sie Militaristen, dann hätte es wohl kein »Münchner Abkommen« mit allen jetzt beklagten Folgeerscheinungen gegeben. Der Betroffene zeigte schon im ersten Weltkrieg eine stark ausgeprägte Leidenschaft für die Fliegerei. Er wurde ausgebildet und war schon 1917 – also mit 19 Jahren – Flugzeugführer an der Front. Als Fernaufklärer – Jagdflieger hat er sich ausgezeichnet und eine Anzahl von

Luftsiegen errungen. Nach Rückkehr aus englischer Gefangenschaft wurde er im Jahr 1920 in die Polizei-Fliegerstaffel I übernommen und dort bis 1922 verwendet. Sein Interesse an der Fliegerei betätigte er in dieser Zeit weiter im Segelfliegen und hat auch an den Rhön-Segelflugwettbewerben 1921 u. 22 teilgenommen und als Verkehrspilot bei Rumpler Verwendung gefunden. Ab 1922 kam er zur Landespolizei München. Das kurze Intermezzo bei der alten NSDAP im Jahre 1923 auf einige Monate ist schon gestreift. Es kennzeichnet seine politische Einstellung, daß er bei Niederschlagung des Hitlerputsches am 9. XI. 23 eingesetzt wurde. Im übrigen wird ihm von allen Seiten, auch von dem bereits erwähnten belastenden Ortsverein Glonn, von der Gemeinde Glonn (vgl. Arbeitsblatt vom 18. 1. 48, Ziff. 3), von der CSU und der demokratischen Partei bestätigt, daß er »von den Nazis nichts wissen wollte« und gegen deren Anordnungen handelte. Darüber wird noch zu sprechen sein.
Seine Berufung in die damals noch junge Luftwaffe resultierte aus seiner Fachkenntnis und den Erfahrungen, die er bereits im Weltkrieg gesammelt hatte und die er auch nach demselben bei der Polizei-Fliegerstaffel I und bei den Segelflug-Wettbewerben hatte ergänzen können. Das ist zu selbstverständlich, als daß darüber noch Worte zu verlieren wären. Gleichwohl hatte er zunächst noch einmal die ganze Skala der Ausbildung bei der Luftwaffe durchzumachen. Am 1.8.36 war er Major und nach Zuteilung zum Luftflottenkommando 3 General-

stabsoffizier der Luftwaffe geworden. Am 1.10.39 wurde er Oberstleutnant und am 1.1.41 Oberst im Generalstab. Das sind während des Krieges keine anormalen Beförderungsverhältnisse. Die eidesstattlichen Erklärungen des ehem. Gen. u. Meisters der Luftwaffe von Kriegern (Anl. 2) und des ehem. General der Flieger Meister (Anl. 1) bestätigen die Angaben des Betroffenen und weisen aus, daß der Betr. mit seinem Dienstrang jeweils der Dienststellung angepaßt war, die er zu versehen hatte. Ja, den Rang eines Generalmajors erhielt er erst am 1.3.43, nachdem er schon 24 Monate in der planmäßigen Stelle eines Generalleutnants Dienst hatte tun müssen. Von einer bevorzugten Beförderung oder Nutznießerschaft (Anl. 11) kann also nach Ansicht der Kammer nicht gesprochen werden.
Nach dem Selbstmord des Chefs des Generalstabes der Luftwaffe Jeschonneck sollte der General Korten dessen Nachfolger werden. Dieser stellte als Bedingung für die Übernahme des Postens, daß der Betroffene, den er von seiner Stellung in der Luftflotte 3-München kannte, unter ihm Chef des Luftwaffenführungsstabes sein sollte. Göring sagte das zu, aber der Betroffene hat sich nachhaltig geweigert und, unterstützt von Sperrle, versucht, Göring dazu zu bewegen, von seiner Kommandierung Abstand zu nehmen. (Notti Anl. 6 und Bergmaier Anl. 8). Vergeblich!
Nachdem der General Korten bei dem Attentat auf Hitler am 20.7.44 ums Leben gekommen war, wurde Koller von Göring zu seinem Nachfolger

als Generalstabschef der Luftwaffe in Aussicht genommen.
Dieser war infolge Überarbeitung ernstlich herzleidend und suchte Erholung im Luftwaffenlazarett Bad Wiessee. Er lehnte die Übernahme des Amtes als Generalstabschef ab. Göring sandte darauf den damaligen Generaloberst Ritter von Greim nach Wiessee, um den Betroffenen umstimmen zu lassen. Josefa Laubmeier, damals vom Chefarzt des Lazarettes als Schreibhilfe des Betroffenen bestimmt, hat den Inhalt der Unterredung Greim – Koller von letzterem diktiert erhalten und erklärt eidesstattlich (Anl. 10), daß Greim im Auftrage von Hitler und Göring mit dem Betroffenen wegen Übernahme des Chefamtes am OKL verhandelt habe und daß der Betroffene die Rückkehr in das OKL strikte und eindeutig abgelehnt habe (vgl. auch Aussage Brauchitsch, Anl. 11). Daß ein Mann wie Göring so nicht nachgab, sondern mit schärfsten Drohungen so lange vorging, bis der Betroffene schließlich nachgab, versteht sich von selbst. Es war eben kein anderer Mann mit auch nur entfernt ähnlichen Fähigkeiten wie sie der Betroffene bewiesen hatte, zur Verfügung.
Die Frage, ob der Betroffene schließlich für das letzte Halbjahr des Krieges noch Generalstabschef war oder nicht ist für die Auffassung der Kammer unerheblich, – denn einer mußte das verantwortliche Amt ja führen. Ausschlaggebend ist allein, wie er es geführt hat.
Wie schon im Verfahren gegen den Chef des Generalstabes des OKH festgestellt, hatte ein sol-

cher auch im OKL keinerlei Befehlsgewalt, keine eigene Verantwortung für die vom OKL ausgehenden Befehle. Auch er war nur Berater und Gehilfe des O.B., das geht eindeutig aus den Aussagen Meister (Anl. 1) und von Kriegern (Anl. 2) hervor. Letzterer schreibt ausdrücklich unter Schilderung der Dienststellungen des Betroffenen:
»Mit keiner der innegehabten und genannten Dienststellen war eine Kommandogewalt verbunden«.
Die Bewertung des Betroffenen durch das Ausland gibt die Anl. 3 wieder. Inter Avia Nr. 971 (Anl. 3) vom 26. 2. 45, die ihm ein sehr ehrendes Zeugnis ausstellt. Das Ansehen des Koller wird auch durch die Tatsache unterstrichen, daß er bei den großen Generalprozessen in Nürnberg, mit allen Ehren behandelt, als Zeuge aufgetreten ist und vom amerik. Vernehmungsoffizier mehr als Kamerad angesehen wurde. Einen wichtigen Fingerzeig geben auch die Anl. 3 und 4 (Auszugsweise Wiedergabe der Radiomitteilungen des Atlantik-Senders). Dieser etwas mysteriöse Schwarzsender aus der II. Kriegshälfte, bei dem man weder damals wußte, noch d. E. bis heute geklärt hat, auf welchem Wege das Ausland die internsten Interna über die damaligen hiesigen Verhältnisse gerade auch aus den höchsten militärischen Kommandostellen so auffallend schnell erfahren können, schildert den Betroffenen als einen außerordentlich pflichttreuen und gewissenhaften für seine Untergebenen sorgenden Offizier mit sehr guten militärischen Qualitäten, der

jedenfalls ein konsequenter Gegenspieler gegen Himmler und dessen Versuche war, auch die Luftwaffe unter seine Befehlsgewalt zu bringen. Da der Sendende, dessen von damals her gut bekannte Stimme übrigens jetzt häufig über einen norddeutschen Sender wieder im Äther ertönt, ja nur vom Ausland gewünschte Ansichten verlauten ließ, ist auch hierin eine Bewertung des Betroffenen durch dasselbe zu erblikken. Und sie ist durchaus positiv für ihn gehalten.
Aber es ist nicht nur das Ausland, das ihn sehr günstig beurteilt, was doch immerhin bei der herrschenden Tendenz desselben, die Generalität unter eine sehr scharfe Lupe zu nehmen und sie teils mit sehr harten Strafen zu belegen, beachtlich ist. Auch die deutschen Bevölkerungskreise aus Zivil und Militär, bescheinigen ihm mit einer Überfülle sehr eingehender Erklärungen bzw. eidesstattlicher Versicherungen –, und zwar ausnahmslos – bis auf den Ortsverein der SPD Glonn –, daß der Betroffene sich als Mensch, Christ und Offizier vorbildlich gegen jedermann, hilfsbereit gegenüber Notleidenden, gerade auch in besetzten Gebieten, erwiesen hat, in keinerlei Hinsicht als Militarist zu bezeichnen ist, daß er die Judenverfolgungen und alle auf diesem oder ähnlich gelagertem Gebiet liegenden Grausamkeiten des Nazi-Regimes verabscheute – und daß er alles, was mit dem N.S. zusammenhing, nicht nur rückhaltlos ablehnte, sondern dieser seine Ablehnung in männlich offener Weise, auch den höchsten staatlichen und militärischen Vorge-

setzten gegenüber, Ausdruck verliehen hat (Anl. 39). Und das in einer Form die ihm Nahestehende oder Freunde nicht selten mit größter Besorgnis für ihn erfüllte und zu Warnungen an ihn veranlaßte (Anl. 22, 1–3, 31 u. 33).

Es kann nicht der Zweck eines Spruchkammerurteiles sein, alle Zeugenaussagen mit ihrer inhaltlich absolut übereinstimmenden Bewertung einzeln aufzuführen. Der interessierte Leser der Urkunden wird jedenfalls aus denselben mit freudiger Genugtuung feststellen, daß es in der Nazizeit auch sehr hochstehende Offiziere gegeben hat, die nicht der militärische Dienstrang, sondern die charakteristischen Eigenschaften – Vornehmheit der Gesinnung, Hilfsbereitschaft gegenüber Untergebenen und Notleidenden oder Sorgetragender und peinlichste Offiziersehrbegriffe neben Fachkenntnis und pflichttreuer Arbeit zu Vorgesetzten im besten Sinn des Wortes stempeln. Zu diesen gehörte nach der Überzeugung der Kammer der Betroffene.

Die Kammer weist nur auf die ihrer Ansicht nach hervorstechenden Einzelheiten hin.

Als Sohn eines mittleren Polizeibeamten sind ihm die Begriffe von staatlicher Ordnung und von Treue gegenüber Gesetzen in Fleisch und Blut übergegangen. Daher ist verständlich, daß er sich zur Niederschlagung des gesetz- und ordnungswidrigen Hitlerputsches (1923) zur Verfügung stellte und seither unentwegt (vgl. besonders Anl. 37, 40 und 42) Gegner des NS-Systems mit all seinen beschämenden Auswüchsen war und bis zum Schluß geblieben ist. Er widersetzte sich den Machtgelüsten Himmlers. Er hat sich in scharfer Form der vom SD eigenmächtig und ohne sein Wissen ausgesprochenen Versetzung von 7 DS-Leuten in das Dulag Oberursel widersetzt.

Er hat das Gefangenenlager der Luftwaffe, das der DS übernehmen wollte, aufgelöst, um die Übernahme durch DS zu verhindern, nachdem seine scharfe Ablehnung wirkungslos zu bleiben drohte.

Er hat den Befehl Hitlers, alle Gefangenen dem SD zu übergeben, im Bereich der Luftwaffe nicht weitergegeben (Anl. 43).

Er hat ferner den mit Todandrohung bei Nichtbefolgung erlassenen Befehl Hitlers, alle Gefangenen der feindlichen Luftwaffe – die sogenannten »Luftgangster« – zu erschießen, nicht ausführen lassen (Anl. 32, Ziff. 5).

Der Betroffene war ein treuer Diener seiner Kirche. Religion und die Erziehung des deutschen Menschen zur Religion war ihm Herzenssache. Er hat sich christlich trauen lassen und seine 3 Söhne kirchlich taufen lassen. Fast alle Sonntage besuchte er den Gottesdienst in voller Uniform, sei es in seinem Heimatort Glonn, sei es in Berlin oder bei seinem mil. Kommando in Ostpreussen und in Paris, wo er Chef des jetzt in Nürnberg freigesprochenen Feldmarschall Sperrle war – und er ließ sich in seiner religiösen Einstellung auch nicht durch Görings wiederholte Vorhaltungen irre machen (Anl. 7, 23, 32, 41, 48). Er besuchte in der Uniform des deutschen Generals die Kathedrale »Notre Dame« und ließ dort auch seine

deutsche Militärkapelle Kirchenkonzerte geben (Anl. 8, 9 und 47).
Aus seiner kirchlichen Einstellung heraus erließ er auch Befehle zum Schutze kirchlicher Baudenkmäler in Frankreich (Anl. 9, 29 und 40).
Er sorgte dafür, daß bei Angriffen auf den Raum von Paris die Kathedrale von Chartres erhalten blieb, indem dort nur abwurfsichere Flugzeugbesatzungen eingesetzt werden durften, die gewährleisteten, daß bei Abwürfen auf den an sich wichtigen Flugplatz Chartres die Kathedrale nicht getroffen wurde.
Die Erhaltung des berühmten hohen Kirchturmes von Dinont ist sein Werk. Dieser lag in der Einflugschneise für Flugzeuge, die vom Feindflug gegen England zurückkamen, was nicht selten bei Dunkelheit oder Nebel geschehen mußte. Hier durften keine Baulichkeiten über 50 m Höhe vorhanden sein. Der Betroffene wollte und mußte dienstlich natürlich an die Sicherheit der Flugzeugbesatzungen denken und schlug vor, den Turm bis zu einer Höhe von 50 m abzutragen. Franz. Vorstellungen, daß ein so altes Bauwerk nicht vertragen werde, daß seine über 50 m hinausgehende Spitze heruntergenommen werde und daß dann das ganze Baudenkmal gefährdet sei, trug er im Einvernehmen mit seinem O.B. Sperrle dadurch Rechnung, daß er den Turm bestehen ließ und die Flugzeugbesatzungen anwies, notfalls bei schlechter Sicht, Ausweichflugplätze aufzusuchen (Anl. 28).
Sein Verhalten gegenüber der franz. Zivilbevölkerung ist als vorbildlich zu bezeichnen (Anl. 6, 15–18, 33, 35, 58) und gibt auch

schärfsten Kritikern keinen Anlaß zu irgendwelchen Beanstandungen. Soweit militärisch irgendwie zu rechtfertigen, trug er den Bitten und Vorstellungen von franz. Behörden und Zivilpersonen Rechnung. Er ließ keine bewohnten Häuser für seine Untergebenen räumen, wie das sonst leider häufig Usus auch nach Ende der kriegerischen Handlungen noch ist, sondern brachte sie in bewohnerfreien Häusern unter. Durch seine Weihnachtsfeiern in christlicher Form auch mit der franz. Zivilbevölkerung, durch Bescherungen franz. Kinder hat er eine außerordentliche Achtung und Beliebtheit gewonnen. Und, soweit sein Wirkungskreis das zuließ, verhinderte er auch den Abtransport franz. Zivilarbeiter nach Deutschland und erklärte, daß er diese Kräfte für seine eigenen mil. Aufgaben aller Art nötig habe.
Die Anlagen 23, Ziffer 4 und 30 weisen überzeugend aus, daß der Betroffene immer bemüht war, den Krieg in jeder Weise nach internationalem Recht einwandfrei zu führen. Er ist allem ihm bekannt werdenden Unregelmäßigkeiten schärfstens entgegengetreten und hat sich voll dafür eingesetzt, daß nie die Grundgesetze der Menschlichkeit verletzt werden durften. Einem Adjutanten Hitlers gegenüber hat er die sogenannten Terror- und Vergeltungsangriffe in einer solchen Schärfe kritisiert, daß das Thema von der anderen Seite brüsk abgebrochen wurde (Aussage Hermes Anl. 42,4).
»Besondere Erwähnung verdienen die von Herrn General Koller laufend angestrebten und befohlenen Maßnahmen für den Seenotdienst.

Sie erfolgten für Freund und Feind in gleicher Weise. Seitens des OKW war in diesem Punkt zu Beginn des Krieges keine besondere Regelung getroffen. Aus dem Nichts hat General Koller dann in Frankreich mit Hilfe treuer Helfer aber ohne Unterstützung des OKW, eine Organisation aufgebaut, die später an allen anderen Kriegsschauplätzen als Vorbild nachgeahmt wurde.
Etwa 8000 Lebensrettungen aus Seenot von Angehörigen aller Nationen wurden durch den Seenotdienst durchgeführt. Koller hatte ausdrücklich befohlen, den Einsatz für Feindrettungen auch dann noch durchzuführen, nachdem unsere unbewaffneten Seenotflugzeuge und Seenotfahrzeuge abgeschossen wurden. Seine besondere Fairnesse ergibt sich schon aus der Tatsache, daß er ohne Wissen des OKL die englischen Seenotdienststellen zur Rettung ihrer eigenen Kameraden (mit Ortsangabe) unterrichtete, sobald sich herausstellte, daß Feind-Seenotfälle außerhalb der eigenen Einsatzmöglichkeiten vorlagen.
Das markanteste Beispiel für seine hohe Gesinnung ist folgendes:
In meiner Eigenschaft als Kommandeur der Seenotbereiche »Atlantik« und »Engl. Kanal« erhielt ich eines Tages einen Befehl der Inspektion des Seenotdienstes wegen steigender Verluste keine Feindrettungen mehr durchzuführen. Das erschien mir als ein Verstoß gegen die Menschlichkeit. Ich fuhr daher sofort von Brest nach Paris, um General Koller entsprechend zu unterrichten. Da er gerade auf einer Dienstreise war, traf ich ihn nicht an.

Seine Rückkehr war auch unbestimmt. Ich unterrichtete daher General Koller schriftlich und bemerkte, daß ich mit dem Nachtschnellzug nach Brest zurückfahren würde. General Koller kehrte dann nach Paris zurück, als ich bereits im Nachtschnellzug nach Brest war. Als er meine Nachricht vorfand, gab er Befehl, den Nachtschnellzug im Raum von Chartres anzuhalten, mich herauszuholen und im Kraftwagen nach Paris bringen zu lassen.
So geschah es denn auch. Er ließ mich noch in der gleichen Nacht alle Einzelheiten genau erklären und erließ für seinen Bereich den Gegenbefehl: »Einsatz auf jeden Fall. Wer gegen diesen Befehl der Luftflotte handelt, Kriegsgericht!«
Sein Verhalten gegenüber Offizieren und Mannschaften, die ihm dienstlich unterstanden – und das waren immerhin ca. 500 000 Mann, später 3 Millionen, verdient volle Anerkennung. Scharf gegen Unregelmäßigkeiten und Nachlässigkeiten, war er allen Untergebenen sonst ein fürsorgender väterlicher Freund, an den jeder mit seinen kleinen persönlichen Nöten und Wünschen jederzeit herankommen konnte und, soweit möglich, Hilfe und Unterstützung erfuhr. So genoß er neben deren Achtung noch ein großes Maß von Verehrung (Anl. 6, 12–14, 17 und 36) und es ist bezeichnend, daß gerade die »kleinen« ihm dienstlich und auch persönlich näher gekommenen Untergebenen, die sonst gegenüber Vorgesetzten mit Kritik nicht zu sparen pflegten, ihm alles Lob spenden (s. auch Bellet, Anl. 14 u. 58).

Wenn der Ortsverein – Glonn ihn zum Nutznießer machen will und davon spricht, daß mit seiner »schnellen Beförderung« – über die ja schon gesprochen ist – »ein recht angenehmes Erleben des Krieges in der Heimat für seine Familie verbunden war« (Anl. 11), so läßt sich über den Begriff »Erleben« zunächst mal streiten und über die Frage diskutieren, woher denn der Obmann von Glonn über den Lebenszuschnitt der Familie Koller so genau Bescheid weiß. Über den Betroffenen selbst – und auf diesen kommt es hier ja an – sagen alle Untergebenen übereinstimmend aus, daß seine Lebensweise sehr einfach und bescheiden war und daß er auch in Paris im Gegensatz zu anderen Offizieren und Mannschaften, die sich – was ja auch weiter nicht zu verwundern oder an sich zu beanstanden wäre – in den Strudel der Weltstadt Paris stürzten – seiner einfachen Lebensweise treu geblieben und bis tief in die Nacht an seinem Schreibtisch saß und seinen schweren und verantwortungsvollen dienstlichen Pflichten nachkam. In dieser Hinsicht liegen eine Reihe überzeugender Beweise vor.
Auch der Vorwurf, er sei Militarist gewesen, gemessen an den durch Eidesaussagen, bewiesenen Tatsachen, ist nicht zu halten.
Roschmann (Anl. 37) gibt eidesstattlich folgende ihm gegenüber gemachte Äußerung des Betroffenen wieder:

> »Das Schlimmste wäre, wir würden in einen Krieg hineinmanövriert. Das wäre das Ende«.

(s. auch b) »Jetzt haben wir also die Diktatur

und unsere Regierung benimmt sich dem Ausland gegenüber wie der Elefant im Porzellanladen. Gerade, als ob die anderen so dumm wären, sich auf die Dauer das gefallen zu lassen. Dabei sind wir ohnmächtig und schwach sowohl wirtschaftlich wie militärisch und dazu umgeben von waffenstarrenden Großmächten, die uns einfach überfahren können, wenn sie wollen.
Hoffentlich trägt die Regierung dieser Lage endlich Rechnung. Wenn man dagegen etwas sagt, dann will es niemand einsehen. Ich hoffe, ich bin zu pessimistisch.«

(s. auch c) »Ich kenne den Krieg und wer ihn kennt, kann ihn nur verabscheuen. Er ist immer ein Unglück, auch für den Sieger und der wären wir bestimmt nicht. Ich weiß nicht, ob Hitler den Krieg will. Es kann nur Bluff sein, was er macht.«

Alfons Simon (Anl. 40) sagt eidlich aus:

»In einem Gespräch im Frühjahr 1939 über die Zukunft seines Sohnes, der Offizier werden wollte, sagte er auf meinen Hinweis, daß in 10 Jahren die Sache soweit sein könne: ›In 10 Jahren brauchen wir keinen deutschen Offizier mehr‹. Auf meine Verwunderung hin, daß ein hoher Offizier so etwas sage, brach er ab: ›Die verdammte Politik‹!«

Am 3. September 1939 traf ich ihn früh um 9

Uhr vor seinem Stabsgebäude in düsterer Stimmung. Auf meine Frage nach dem Grund sagte er: ›Sie werden heute eine Nachricht hören, zu der man nur sagen kann, ›Finis Germania‹. Einige Stunden später wurde die englische und französische Kriegserklärung bekannt.«

Angesichts dieser eindeutig klaren Ablehnung des Krieges durch den Betroffenen erscheint der Kammer die Kennzeichnung desselben durch den Ortsverein – Glonn als »Militaristen«, also einen Verfechter der Idee »der milit. Gewalt-Politik« allerdings nicht als mit der unerläßlichen Objektivität vereinbar.

Der Betroffene, solange Beamter der Landespolizei, wurde durch das ohne sein Zutun zustandegekommene Gesetz Soldat. Als solcher hat er die Pflicht erfüllt, die, wie er es im Meldebogen angibt, das Vaterland von jedem seiner Söhne zu fordern berechtigt ist und unnachgiebig fordert. Kein Staatsbürger kann sich der Wehrpflicht, wenn sie von der Volksvertretung beschlossen ist, ungestraft entziehen. Eine Diskussion darüber dürfte sich erübrigen, nachdem unlängst, also nach den bitteren Erfahrungen der Jahre 39 – 45, das beantragte »Recht zur Wehrdienstverweigerung« keine Mehrheit in der zuständigen gesetzgebenden Körperschaft gefunden hat. Nach gesetzlicher Definition im Art. 8 des Befr.Gesetzes ist es ein entscheidender Unterschied zwischen dem Militär (Soldat und Offizier), der die Gesetze seines Landes zu erfüllen hat, und dem Militaristen, dem Anhänger und Propagandisten der

»Ausrichtung auf die Politik der militärischen Gewalt«. Das wird von den Laien vielfach übersehen. Daß der Betroffene kein Militarist im Sinne des Gesetzes war, ist durch alle Zeugenaussagen, besonders die oben zitierten Anlagen 37 und 40 hinlänglich bewiesen.
Abschließend sei noch die Hilfsbereitschaft und praktisch in vielen Fällen gewährte Hilfe für die Opfer der n.s. Gewaltherrschaft aller Art im Sinne des Art. 39 II 4 erwähnt, die er bewies, wenn er – auch fern der Heimat in seinem Standort im besetzten Gebiet – um eine Unterstützung angegangen wurde.
Einem engl. Fliegerkapitän war bei seinem Abschuß die Beinprothese gebrauchsunfähig geworden. Der Betroffene funkte nach England und bat um Abwurf der Ersatzprothese, indem er dem überbringenden Flugzeug freien An- und Rückflug zusicherte. So erhielt denn auch der engl. Fliegerhauptmann seine Prothese, sehr zum Verdruß von Göring und Jeschonneck, die das Arrangement beanstandeten.
Der inzwischen verstorbene Major Hagemeister wurde unschuldig unter dem Verdacht, er habe den Schweden Luftwaffenkarten in die Hand gespielt, verfolgt und in das KZ gesperrt. Ihm drohte Tod durch Erschießen wegen Verrats milit. Geheimnisse. Wie die Zeugen Weigel und Bergmeier beweisen, hat der Betroffene den Major H. unter großen Schwierigkeiten aus dem KZ herausgeholt, ihn vor dem Tode bewahrt und seine Wiedereinsetzung durchgesetzt. Ebenso hat er sich erfolgreich für einige sehr hohe Offiziere eingesetzt, die Hitler wegen der

Westkatastrophe »über die Klinge springen lassen« wollte.
Den zur Luftwaffe eingezogenen Theologie-Studenten Gschwändler wollte seine Mutter für die Fortsetzung seines Studiums nach der Heimat beurlaubt wissen und wandte sich dieserhalb an den Betroffenen. Dieser hat trotz bestehenden Verbotes bei der betr. Kommandobehörde den Studienurlaub für den Gschw. durchgesetzt (Anl. 21).
Zwei Schwestern Graf wurden von der Gestapo verfolgt und in Haft gesetzt; der Betroffene setzte sich nachdrücklichst für sie ein und erreichte, daß sie unbehelligt in Glonn bleiben konnten (Anl. 41 und 50).
Vater und Sohn Lebsche, die unter politischer Bedrohung standen, ist er hilfreich beigestanden (Anl. 53). Von diesen war der Betroffene brieflich dringend gebeten worden, dafür zu sorgen, daß das architektonisch berühmte wertvolle Ravenna, die Residenz der weströmischen Kaiser und Ostgotenkönige aus dem 5. und 6. Jahrhundert, nicht bei dem Kampf um Italien durch die Kriegseinwirkungen zerstört wurde. Tatsächlich soll es nach der Aussage Max Lebsche (Anl. 53) dem Betroffenen zu danken sein, daß diese unersetzliche Kulturstätte erhalten geblieben ist.
Die Aussagen Huber, Pia Maria Costes, Wolfgang Koller, der Pfarrer Bockshorn und Hanauer, Schützinger u. a. sind der Kammer überzeugender Beweis dafür, daß der Betroffene sich mit mannhafter Unerschrockenheit für alle die eingesetzt hat, die von der Gestapo bedroht,

verfolgt oder in Haft gesetzt wurden, und daß er das so nachhaltig und mit solcher Energie tat – ohne Rücksicht auf evtl. eigene Schwierigkeiten – daß seine Bemühungen von Erfolg gekrönt wurden.

Zusammenfassend stellt die Kammer fest, daß materielle Belastungen gegen den Betroffenen in keiner Hinsicht vorliegen. Ihm ist auch aus seiner wichtigen Dienststellung als Gen.-Stabschef nichts vorzuwerfen, was sich nicht mit den Ehrbegriffen eines Offiziers vertrüge. Prof. Lebsche schließt seine Bestätigung (Anl. 53) mit folgendem Urteil über den Betr.:

> »Von dem Dunkel der vergangenen Zeit hebt sich also die Persönlichkeit eines Offiziers ab, der es verstanden hat, sowohl seine soldatischen Pflichten in Anstand und Ehre zu erfüllen, wie auch den allgemein gültigen Gesetzen der Menschlichkeit und Kultur zu entsprechen.«

Dies gibt in klarer Weise das Urteil wieder, was die Kammer von dem Betroffenen auf Grund genauer Kenntnis der Akten gewonnen hat.

Sie hat festgestellt, daß die Vermutungsbelastung nach AL I 2 der Gesetzesanlage voll widerlegt ist. Sie hat daher entschieden, daß Koller wegen Aufführung in der Liste zwar »vom Gesetz betroffen«, aber gemäß Art. 4 Anm. 2b

»überhaupt nicht Belasteter« ist.

Die Beisitzer: gez. Sch. gez. F. (Stempel)

Der Vorsitzende: gez. v. D.

Die Richtigkeit der Abschrift beglaubigt:
Spruchkammer X
Geschäftsstelle gez. Schä.

F.d.R.d.A.
Dr. D.

gez.

Assessor
Oberl. Ger.best.Vertreter.